U0014077

法國高中生 哲學讀本I

# PASSERELLES
## PHILOSOPHIE TERMINALES L.ES.S

# 政府是人民的主人還是僕人？
## ——————————— 探討政治的哲學之路

侯貝（Blanche Robert）等人——著

廖健苡——譯

沈清楷——審

# 目錄

# 第二章　　　社會＿＿＿＿＿＿＿＿＿＿＿＿24

**我們能感受到社會對我們造成的影響，但我們真的了解社會是什麼嗎？**

## 問題思考————+———COURS

## 哲人看法————+———TEXTES

# 第三章　　　　交換 —————————————50

**交換有可能創造也可能毀滅社會關係，更是幸福或是不幸的源頭。為了釐清狀況，我們必須先問，人為什麼有交換行為？是為了占他人便宜？還是為了滿足自身的利益？或是為了互助？**

問題思考 ————＋———— COURS

哲人看法 ————＋———— TEXTES

**當我們表達意見與行使投票權時，真的了解自己對國家的期待嗎？**

# 第五章　　　正義與法律 _____ 102

**正義不能忽略法律。但是正義能在法律中完全實踐出來嗎？**

# 高中哲學教育的視野
## ——思考那不被思考的事情

文｜沈清楷

每年六月，法國都會有60多萬高中生參加長達四小時的高中哲學會考筆試，而近年來，台灣媒體也會同時瘋狂轉貼會考題目，引發許多討論。或許有不少台灣讀者基於對舶來品和法國的異國遐想而感到欣羨，也有人趁機宣洩對當前台灣作文考題的不滿，而法國高中哲學會考題目的開放性，更不禁讓人比對過去台灣在黨國體制下高中聯考必考的「三民主義」或是現存的「中華文化基本教材」。似乎，台灣也應該有這樣的哲學會考？

我們常教學生或孩子思考，又害怕他們因為懂得思考而不服從管教，因而扼殺了思考。我們會用「不要想太多」來規訓他們生命的奔放，因此教他們思考是危險的，因而，哲學是危險的，因為它要求思考，思考那不被思考的事情！因為學會了思考，他們會頂嘴、反駁、要求合理。但是，轉念一想，如果透過思考尋找理由彼此說服與溝通，不會因為學生或孩子會頂嘴而認定他們不受教，他們便可能在思考過程中學習如何傾聽與溝通。而大人只要放下身段，不以權威自居，將會成為他們未來最好的對話者與忘年之交。大人也可以從他們的真摯，反省我們太過人性的世俗，學習到我們可能早已遺忘的純真。因此，重點不是「不要想太多」，而是「怎麼想」。哲學教育也不會停留在怎麼想，因為，思考在某一刻會觸發行動。

法國高中有個耳熟能詳的謠傳：在上了一學期的哲學課之後，哲學老師教導如何找出問題意識，針對一般看法提出反思，形成定義後，進行正反論證、旁徵博引等等。期末考到了，老師出了一個題目：何謂風險？並規定作答方式、答題時間、評分標準。結果有個學生以很快的速度交卷，並得到了最高分。他在考卷上只寫著一句話：「這就是風險。」這個故事後來也發展出其他版本：「何謂勇氣？」「何謂膽量？」這個故事後來還被拍成電影，鼓勵學生獨立思考，發揮創意，對自己所思考的事情還要勇於承擔行動的風險。當然，只有第一個人是勇氣，其他就是毫無創意的重複和模仿。

## 法國高中哲學教育的要點

如果你真的相信「何謂風險？」是法國高中哲學會考題目，可能就小看了這個背後的規畫，因為台灣國小一般作文的考題，也可以出這樣的題目。

先看一下2015年「文學」、「科學」、「經濟社會」與「科技」四組的考題，每組都有兩題論文寫作加上一篇文本分析。分別如下：

### 【文學組】

**論文寫作**

第一題：尊重所有活著的存在，是一種道德義務嗎？

(Respecter tout être vivant, est-ce un devoir moral?)

第二題：我是我的過去所造成的嗎？

(Suis-je ce que mon passé a fait de moi?)

**文本分析**：托克維爾《論美國的民主》節選，1840

**【科學組】**

**論文寫作**

第一題：藝術作品一定要有意義嗎？

(Une œuvre d'art a-t-elle toujours un sens?)

第二題：政治可以迴避人們對真實的要求嗎？

(La politique échappe-t-elle à l'exigence de vérité?)

**文本分析**：西塞羅《論占卜》節選，公元前 1 世紀

**【經濟社會組】**

**論文寫作**

第一題：個體的意識只是所處社會的反映？

(La conscience de l'individu n'est-elle que le reflet de la société à laquelle il appartient?)

第二題：藝術家的創作是可被理解的？

(L'artiste donne-t-il quelque chose à comprendre?)

**文本分析**：史賓諾莎《神學政治論》節錄，1670

**【科技組】**

**論文寫作**

第一題：文化造就了人類？

(La culture fait-elle l'homme?)

第二題：人若不自由也可能幸福嗎？

(Peut-on être heureux sans être libre?)

**文本分析**：休謨《人類理解論》節錄，1748

　　光看題目的深度或難度與多樣性，便讓人好奇這些題目基於什麼樣的「課綱」，或是根據什麼課程內容的編排。什麼樣的教學過程，才可以使學生知道如何作答？由於法國教育部提出一綱，加上考試，法國坊間充滿著琳瑯滿目的哲學教材，這個哲學課綱訂立著重在五大主題、哲學家、重要的觀念區辨（▶參見文末「法國高中哲學課綱」）。

　　法國高中哲學教育的重點可分為「觀念」與「作者」兩部分。在觀念方面，「普通會考類別」主要分為五大範疇：主體（自我認識）、文化、理性與真實、政治、道德。透過這些基本概念，再擴大延伸出如平等、感覺、欲望、語言、宗教、表現、國家或義務等觀念的思考，再根據不同學科斟酌的比重。除了觀念，學生也須研讀作家或哲學家的作品，畢竟閱讀這些作品對於了解哲學十分重要。課程提供了會考範圍的哲學家清單，裡面共有57位作者，從時期來分，可分為「古希臘羅馬到中世紀」（從柏拉圖到奧坎，共15位作者）、「現代」（從馬基維利到康德，共18位作者）和「當代」（從黑格爾到傅柯，共24位作者）等三個時期。除了古代到中世紀很難用現代國家的概念來區分，現代、當代兩個時期的42位作者中，有19位是法國人、10位是英國人（或以英文著作）、9位德國人，以及4位歐洲其他國家的作者。

　　法國高中哲學教育不從哲學史教起，而是注重問題意識的發現、對定義深入探討，並強調正反論理的過程。哲學於是成為跨越人文學科的基礎知識，以及培養公民思考能力的教育。法國的教科書出版業者便根據上述原則逕行撰寫，這冊法國高中哲學政治篇即是這五大主題其中之一。

## 本書是怎麼編排的？

　　細看法國高中哲學—政治篇的編排結構，從「一般看法」和「思考之後」兩種看法的對比開始，因為，思考起於對於生活周遭以及刻板印象的反省。接著試圖為政治找出「定義」，再從定義找出「問題意識」，並在整個陳述的脈絡中，不斷點出「關鍵字區分」。從幾個大問題中，再細分出幾個更小問題，藉著哲學家不同觀點的「引文」，一方面回到原典閱讀，另一方面，閱讀是為了分析這些觀點的「論據」。因此，面對哲學家，他們並非被當作大師來膜拜，因為盡信書不如無書，偶像崇拜不是教育的目的，這些哲學家的文本只是作為思考時正反意見的參考，並用來擴充思考的深度與廣度。接著，再從「進階思考」、「延伸思考」，去反思政治現實，並輔助以電影、繪畫、歷史、新聞報導、文學等不同例子，從而再次深化問

題意識，以便讓哲學的反思能夠進入某種具體情境中來思考。

比如說：「一般看法」政治是權力鬥爭，是政客政治，但這似乎又不能代表政治的全部。在「思考之後」，政治如何回到作為共同生活之治理的初衷。但是一般看法並非是無意義，很可能是令人不滿意現實的常態，但是要問的是，權力鬥爭的目的為何，是為了個人私利還是公共利益，或者我們不一定要很負面地看待權力鬥爭，而將之視為政治競爭，找出公平的規則，並將這樣的政治競爭服務於公共利益。

## 哲學，可以談政治嗎？

但是，哲學不是「不談政治」嗎？台灣早期談政治都已經被意識形態化，要談得正確，以符合當權者的期待，因此政治效忠文章一堆，而任何涉及政治批判的人文學科，包括哲學在內也遭汙名化。現在，我們很難理解在白色恐怖時期，歌德的《少年維特的煩惱》或盧梭的《懺悔錄》，都可被視為因為會「影響人心」，而當作罪名來羅織，因此那是一個不敢談論政治或不敢徹底思考的時代，一個心靈虛弱、行動無力，想要經世濟民，必符合當權者意志，探討思考的哲學，只能在修身中全身養真。在白色恐怖時代，思想是危險的，哲學自然也成為遭打壓以及汙名化的學問（念了會發瘋）。在那個時代，除了不敢思考到底，不談哲學，我們也不談政治，因而，我們對政治缺乏想像。而現在，如果我們不談政治，除了是戒嚴遺緒之外，還有政治已經被某種刻板印象標籤化：政治是骯髒的。弔詭的是，我們還會自以為聰明地唱嘆說：「什麼都有政治」或是「政治無所不在」。那麼，結合一起看，我們是否正在被「無所不在的骯髒政治」所控制？我們又如何能夠逃離這個無所不在的骯髒？還是只是視而不見？

不談政治本身就是一種去政治化，看起來清高脫俗、不慕名利，但是，「去政治化」更可能是威權意識型態的「政治化」效果，而讓冷漠在每個人心中駐足，滿意地順從主流，一直到被生存的自利心所占據而洋洋自得。

法國高中生談政治嗎？從這本書的編排可以知道，他們可是大談特談。不過，提出與觀察問題，可能比解答問題更重要，比如說「政治一定要用演的嗎？」「人一定要活在社會中嗎？」「人與人之間一切都是交換嗎？」「國家是為眾人還是少數人服務？」「合法就是對的、公正的、正當的嗎？」這些疑問在人開始思索質疑周遭發生的現象以及既定價值時，就會開始發酵。我們可以停留在「反正什麼都一樣」的相對論當中，當然也可以透過這本書的「問題意識」，進一步以正、反方思考人性或共同生活中必然觸及的問題及價值，以及可行的解決之道。不同觀點能提供參考，破除一些邏輯上的矛盾，但真正的答案還是屬於願意思考的人。

## 法國的哲學教育，台灣適用嗎？

法國高中哲學會考是否適用於台灣？一看到「考試」二字，我們便不免擔憂這種四小時的哲學寫作會考，在台灣現行的教育體制下，對學生的負擔是否會太重？會不會因為考試而變成另一種強迫式的八股答題文化？然後還要上補習班，才能通過會考？是否可能揠苗助長，反而讓人對經典閱讀失去興趣、對哲學思辨望之卻步？法國高中哲學會不會是一種外來思想的移植？而這種自我思想的殖民是否有其必要？

這些問題都是有意義的。但面對台灣的教育，我們還是可以反省，現行高中人文教育是否輕忽高中生閱讀經典與思辨的能力？另外，如果哲學能作為豐富高中人文學養以及視野的參考，將之排除在高中課程之外又豈不可惜？試圖在高中階段注入人文思想的有志之士，可以思考的是，如何在不增加學業或考試的負擔

之下，調整哲學課程的時數比例，或是把哲學融入人文課程（歷史、公民、社會等），鼓勵閱讀、反思和想像。這系列的書只是「文化視野的參考」，台灣高中哲學教育也確實不能以法國思考為標準，而是應該鼓勵台灣這一代優秀的大學教授和高中老師自行撰寫。只有他們才會回到台灣自身環境來思考，才可能豐沛下一代的人文素養。

儘管法國高中有哲學教育，但它並非萬靈丹，也無法負擔全部的教育責任與後果。如果可能，它或許能培育傾聽、求證、參考不同意見後的反思態度，至於思考深刻與廣度，還是繫於個人的反思能力。

看著學生或孩子天真的臉龐，其實他們擁有一顆趨向成熟的心靈。當大人跟他們說「不要想太多時」，他們很可能眨著眼，微笑看著你（心中反駁著：「是不是你想太少了啊？」XDD）。

## 感謝

這本書的出版因緣，特別要謝謝我在比利時魯汶大學留學時所結識的宋宜真小姐的堅持與耐心，她願意在坊間已經有許多哲學普及讀物之際，還願意請在法國巴黎留學的魏聰洲先生將許多版本的法國教科書寄回台灣，由我任選一本，然後找人翻譯成中文。不知好歹的我，選了一本高達六百頁的教科書（將會陸續分成五冊出版）。當初之所以選擇較厚重的版本，是因為商業或考試用途的書大多輕薄短小，無法看到法國在教學現場許多高中老師在編排哲學教科書的企圖與選材上的豐富性。當然更要謝謝總編輯賴淑玲小姐的氣度與識見，不計成本、不做短線市場操作，在焦慮中耐心地包容譯者和審者的龜毛與拖稿。

這本書的目的也不是原封不動地「移植」西方哲學的教材或教法給台灣的高中生或老師，只是希望作為台灣未來哲學教育「參考」的文化視野。它同時也是給「大人」看的。只

要一進入這本書，就會發現，我們可以為自己的下一代做得更多。台灣目前已經有許多人對哲學普及教育進行推廣、引介、原創等哲學寫作，如議題最廣泛的公民論壇「哲學星期五」、台灣高中哲學教育推廣學會（PHEDO）的實驗教學和廣播活動，以及「哲學哲學雞蛋糕」「哲學新媒體」和「哲思台灣」等媒體或平台。這些耗費心力卻難得的嘗試，也是為找出適合於台灣多元文化的本土高中哲學教育。這本書也加入了這個運動的行列中，更是為推動台灣高中哲學教育的共同盼望，一起努力、加油、打氣。

謝謝哲學星期五策劃人之一的廖健苡小姐、PHEDO祕書長梁家瑜先生，願意耗費大量心力翻譯這本「結緣品」。不論他們是否因交友不慎而誤入歧途、擔任翻譯的苦主，我更珍惜的是他們低調的使命感，使得筆者在校稿上輕鬆不少。當然也要感謝宋宜真主編，最後在文句上的斟酌，讓文句盡可能通順好讀。

最後，這本法國高中哲學教科書許多的經典引文，都是根據已有法文譯本，而中文版盡可能參照原文（希臘文、拉丁文、德文、英文）。這本翻譯得助於PHEDO的協助，而在審校過程中，除了原文是法文由筆者進行校稿，要特別謝謝輔大哲學系諸多同事以及許多老師的義務幫忙：陳斐婷教授協助亞里斯多德希臘譯文的比對校正；劉康教授協助柏拉圖的希臘文比對校正；陳妙芬教授協助西塞羅的拉丁文比對校正；張存華教授協助康德德文的比對校正；黃麗綺教授協助尼采的德文比對校正；劉俊法教授協助萊布尼茲法文的斟酌與校正；周明泉教授協助哈伯瑪斯德文的比對校正；葉浩教授協助梭羅英文的比對校正；萬毓澤教授提供馬克思的相關資料與意見；吳豐維教授協助羅爾斯與諾齊克英文的比對校正。當然審校後的文責由我承擔，與這些拔刀相助的苦主無關。還有兩位學長邱建碩、丁原樸長期的對話與兄弟義氣的相挺。最後，在此向他們所有人的友誼與熱情，致上最深的謝意。

# 法國高中哲學課綱

**觀念**

| 人文組（Série L） | 經濟社會組（Série ES） | 科學組（Série S） |
|---|---|---|
| **主體**（Le sujet） | **主體**（Le sujet） | **主體**（Le sujet） |
| 意識（La conscience） | 意識（La conscience） | 意識（La conscience） |
| 知覺（La perception） | 知覺（La perception） | 知覺（La perception） |
| 無意識（L'inconscient） | 無意識（L'inconscient） | 欲望（Le désir） |
| 他人（Autrui） | 欲望（Le désir） | |
| 欲望（Le désir） | | |
| 存在與時間（L'existence et le temps） | | |
| **文化**（La culture） | **文化**（La culture） | **文化**（La culture） |
| 語言（Le langage） | 語言（Le langage） | 藝術（L'art） |
| 藝術（L'art） | 藝術（L'art） | 勞動與技術（Le travail et la technique） |
| 勞動與技術（Le travail et la technique） | 勞動與技術（Le travail et la technique） | 宗教（La religion） |
| 宗教（La religion） | 宗教（La religion） | |
| 歷史（L'histoire） | 歷史（L'histoire） | |
| **理性與真實**（La raison et le réel） | **理性與真實**（La raison et le réel） | **理性與真實**（La raison et le réel） |
| 理論與經驗（Théorie et expérience） | 論證（La démonstration） | 論證（La démonstration） |
| 論證（La démonstration） | 詮釋（L'interprétation） | 生命（Le vivant） |
| 詮釋（L'interprétation） | 物質與心靈（La matière et l'esprit） | 物質與心靈（La matière et l'esprit） |
| 生命（Le vivant） | 真理（La vérité） | 真理（La vérité） |
| 物質與心靈（La matière et l'esprit） | | |
| 真理（La vérité） | | |
| **政治**（La politique） | **政治**（La politique） | **政治**（La politique） |
| 社會（La société） | 社會與交換（La société et les échanges） | 社會與國家（La société et l'État） |
| 正義與法律（La justice et le droit） | 正義與法律（La justice et le droit） | 正義與法律（La justice et le droit） |
| 國家（L'État） | 國家（L'État） | |
| **道德**（La morale） | **道德**（La morale） | **道德**（La morale） |
| 自由（La liberté） | 自由（La liberté） | 自由（La liberté） |
| 義務（Le devoir） | 義務（Le devoir） | 義務（Le devoir） |
| 幸福（Le bonheur） | 幸福（Le bonheur） | 幸福（Le bonheur） |

## 作者

| 古代 中世紀（15人） | 現代（18人） | 當代（24人） |
|---|---|---|
| 柏拉圖 PLATON | 馬基維利 MACHIAVEL | 黑格爾 HEGEL |
| 亞里斯多德 ARISTOTE | 蒙田 MONTAIGNE | 叔本華 SCHOPENHAUER |
| 伊比鳩魯 ÉPICURE | 培根 BACON | 托克維爾 TOCQUEVILLE |
| 盧克萊修 LUCRÉCE | 霍布斯 HOBBES | 孔德 COMTE |
| 塞內卡 SÉNÈQUE | 笛卡兒 DESCARTES | 古諾 COURNOT |
| 西塞羅 CICÉRON | 巴斯卡 PASCAL | 彌爾 MILL |
| 艾比克泰德 ÉPICTÈTE | 史賓諾莎 SPINOZA | 齊克果 KIERKEGAARD |
| 馬可·奧里略 MARC AURÉLE | 洛克 LOCKE | 馬克思 MARX |
| 塞克斯都·恩披里克 SEXTUS EMPIRICUS | 馬勒布朗士 MALEBRANCHE | 尼采 NIETZSCHE |
| 普羅丁 PLOTIN | 萊布尼茲 LEIBNIZ | 佛洛伊德 FREUD |
| 奧古斯丁 AUGUSTIN | 維柯 VICO | 涂爾幹 DURKHEIM |
| 阿威羅伊 AVERROÈS | 柏克萊 BERKELEY | 胡塞爾 HUSSERL |
| 安賽爾莫 ANSELME | 孔迪亞克 CONDILLAC | 柏格森 BERGSON |
| 阿奎那 THOMAS D'AQUIN | 孟德斯鳩 MONTESQUIEU | 阿蘭 ALAIN |
| 奧坎 OCKHAM | 休謨 HUME | 羅素 RUSSELL |
| | 盧梭 ROUSSEAU | 巴舍拉 BACHELARD |
| | 狄德羅 DIDEROT | 海德格 HEIDEGGER |
| | 康德 KANT | 維根斯坦 WITTGENSTEIN |
| | | 波普 POPPER |
| | | 沙特 SARTRE |
| | | 鄂蘭 ARENDT |
| | | 梅洛－龐蒂 MERLEAU-PONTY |
| | | 列維納斯 LÉVINAS |
| | | 傅柯 FOUCAULT |

**關鍵字區分（Repères）：從上面大觀念而來，更準確的觀念群組（根據 ABC 為序）**

絕對（absolu）/相對（relatif）；抽象（abstrait）/具體（concret）；實現（en acte）/潛能（en puissance）；分析（analyse）/綜合（synthèse）；原因（cause）/目的（fin）；偶然或偶發（contingent）/必然（nécessaire）/可能（possible）；相信（croire）/知道（savoir）；本質（essentiel）/偶然或偶有（accidentel）；解釋（expliquer）/理解（comprendre）；事實（en fait）/法理（en droit）；形式（formel）/物質（matériel）；類（genre）/種（espèce）/個體（individu）；理想（idéal）/現實（réel）；同一或相同（identité）/平等或等同（égalité）/差異或不同（différence）；直覺（intuitif）/論理（discursif）；合法（légal）/正當（légitime）；間接（médiat）/直接（immédiat）；客觀（objectif）/主觀（subjectif）；義務（obligation）/限制（contrainte）；起源（origine）/基礎（fondement）；說服（persuader）/信服（convaincre）；相似（ressemblance）/類比（analogie）；原則（principe）/結果（conséquence）；理論（en théorie）/實踐（en pratique）；超越（transcendant）/內在（immanent）；普遍（universel），一般（général）/特殊或特定（particulier），個別（singulier）

【推薦序】

# 一本好看的教科書

文｜朱家安

教科書很少很好看的，這是一件可惜的事情：旨在幫助初學者學習的讀物，如果不好看，作者也會為他在書中苦心設計的種種有教育意義的眉角感到不捨吧！

這本書在教育上的功能足以成為教科書，而且它在很多意義上很好看。

它有漂亮的排版，這些排版呈現出五個架構清楚的章節。如圖所示，每個章節都從一個定義出發（例如第一章討論什麼是「政治」），藉由反思定義當中的幾個重要元素（權力運作、制訂法律、組織社會生活），引出幾個「問題思考」和「進階問題思考」（如「政治只是權力鬥爭嗎？」「政治是眾人之事嗎？」），並在回答這些問題時，介紹歷史上相關的論點。在「延伸思考」裡，作者介紹相關的文學藝術作品和時事，讓讀者知道往哪個方向可以找到更多好看的材料。

我喜歡這種從定義出發的做法，藉由追問「為什麼這個概念要這樣定義？」除了讓讀者反思定義本身，也引出值得思考的問題。我相信當讀者能夠應付這些質疑的問題，也能在生活中更順暢地使用這些概念。

此外，本書的寫作策略也讓讀者更容易理解章節裡諸多部分之間的關連。我一直相信，掌握一個概念的必要條件之一，是了解這個概念在推論上的意義：它包含哪些概念、和哪些概念水火不容。如果你不知道一個概念和其他某些概念之間的關連，你大概不算懂得這個概念本身。本書不但介紹許多重要概念，也指出這些概念和諸多思想家提出的論點之間的關連。如果你把每個章節提到的概念和這些關連畫出來，應該可以得到一張概念蜘蛛網，裡面的每條線，都證明你對相關的概念多懂了一點。

跟其他政治／哲學教科書比起來，這本書並不旨在有系統地介紹各種理論，而是以問題為導向，以「眼前這個疑問有哪些可能的答案？」來引出各種說法。這雖然不是主流的寫法，但搭配書中安排的質疑和例題，我相信它能協助讀者打好政治／哲學思考的基本功。對於普及教育講師來說，書裡設計良好的章節，也可以很容易修改成容易操作且豐富的課程。

定義

| 問題思考<br>COURS | 問題思考<br>COURS | 問題思考<br>COURS |

進階問題思考
PASSERELLE

延伸思考
OUVERTURE

哲學練習
EXERCICES

Q：想藉由政治讓人們過著和諧的生活，
　　難道只能是幻想？

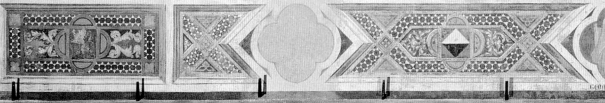

《好／壞政府對城市與鄉村的影響》（部分畫作）。羅倫澤蒂（Ambrogio Lorenzetti）繪製的壁畫，1338，收藏於義大利錫耶納市政廳展示間。

這幅壁畫呈現出一座繁榮和諧的城市，收藏於錫耶納的市政廳，應該是拿來誇耀優良政績，同時也勉勵那些承擔市政責任的官員。由此可見，政治應該是追求改善大眾的生活條件，甚至是公民的幸福，而非僅為了獲取權力。

# 1 | 政治哲學導論

Q1 政治只是權力鬥爭嗎？
Q2 政治是眾人之事嗎？
Q3 政治一定要用演的嗎？
▶見第四冊的〈歷史〉

政治辯論是民主表現，也是在媒體上表演

法國社會黨（PS）與人民運動聯盟（UMP）兩黨候選人，於總統大選第二輪投票前三天進行電視辯論。（2012年5月2日於巴黎）

| 一般看法 | 思考之後 |
|---|---|
| 政治是權力的鬥爭，是「政客」政治 | 政治是治理，以及讓人們共同生活的藝術 |

政治常讓人認為是激烈的權力鬥爭，媒體化的結果更加深這個印象。在這張照片中，政治像是一場戰鬥與競賽：兩個對手面對面，在限定的時間內發言，裁判則針對他們的辯論予以評論。沒有抱負的政治人物無法從事這種爭辯。有時，人們也會指控政治人物為了個人的成功而損害群體利益。「政客政治」這個詞彙，就是拿來強調政治活動只是一場權力鬥爭、利害計算、背叛結盟、個人對抗與永無休止的爭吵等特性。

如果類似的政治展演某方面來說是無可避免的，這樣的做法不應該掩蓋最基本的部分：政治是社會生活之必需。對手的競賽同時也牽涉不同理念的辯論，不同觀點的表達。這意味著形成共識，或至少能得出相對多數的結論。照片中，計算發言時間以及多位記者出席聆聽，能確保程序公平，也讓每個人都有說服他人的機會。政治於是成為制度化的場域，人們在此組織社會生活條件，並在這樣的秩序中形塑出司法規範且予以遵守。

# 政治可否是為尋求普遍利益，
# 而非為個人服務，
# 成為有別於競爭的事務？

## 從定義尋找問題意識

### 定義

> **政治是與權力運作相關的所有活動。政治是由權力制定並施行法律，讓人們得以組織社會生活。**

### 政治是與權力運作相關的所有活動

　　政治首先是以各種形式獲得權力。例如：民主的選舉、國家政變時採取的暴力、以抽籤決定指派任命的偶然性或權力繼承。不過，政治的特有之處，更在於它是治理的事實，也就是透過某些制度來管理國家事務。這些制度根據立法、行政、司法三種功能彼此區別並組織起來。

### 政治是由權力制定並施行法律

　　並非與權威或權力相關的形式都是政治，例如父母的權威、軍隊中的階級，都不屬於政治領域。政治權力可以行使主權，也就是說這是主權的唯一來源且受法律認可。按照政治施行方式的不同，法律有可能只對特定的個別群體有利，也有可能為大多數、甚至全體人民服務。

### 讓人們得以組織社會生活

　　法律與政治決策必須呼應多種面向：安全、社會正義、經濟繁榮、教育或是公民福祉。政治活動需要強大的能力來管理分歧的意見與緊急狀況。例如：社會衝突、經濟危機、戰爭、天然災害等。甚至可能只有具備這些特長的專家才能處理這些政治活動。

## 定義提出什麼問題？

　　政治的定義告訴我們，若以公共普遍利益為名而投入政治，仍有可能出現僅對某些特定個人有利的情況。涉入國家事務的人，如何避開誘惑，不以維護自身利益為優先？▶ Q1：政治只是權力鬥爭嗎？

　　政治的定義假設了一件事：管理公共事務時若要避免犯錯或不做出不義之事是困難的。社會生活有很多問題，而政治辯論反映出解決方法有多麼分歧。不同的人治理能力有高下之分嗎？要正確衡量一個人的政治能力並選出合適的代表是不容易的。▶ Q2：政治是眾人之事嗎？

# 問題思考

―――― + ――――

COURS

**關鍵字區分**

合法的（légal）／正當的（légitime）

合法性是透過法律來宣稱，政治權力則是合法的來源。人們在權衡法律或政治決定的正當性，標準則來自於法律之外，例如根據某些正義或道德原則。

**定義**

政治一詞來自於希臘字「polis」，指的是「城邦」，也就是以某種特定形式組織而成的人類社群。因此，在政治尚未變成酬庸某些人之前，它關涉到的是社會中人們的集體存在。

# Q1：政治只是權力鬥爭嗎？

所有政體，包含那些尋求最公平正義的政治體制，在面對他人時，都會有人覺得自己是具有權威的或可以擁有某種權力的形式。這樣的人是如何認知自己可以位居統治地位，又是什麼指導著他們的行動？

## 1. 征服與行使權力常會尋求激進的手段

如果人類天生良善，並且不需透過強制性規範便可自我管理，法律就沒有存在的必要，也不會需要一個政治權威來制訂並實施法律。因此，政權的運作必須正視人際關係的衝突，以及人類自私與欺騙等特性。

君王若只以良善與真誠統治人民，很快就會遭到推翻，再也無法擔任政治領導。對馬基維利而言（▶見文本閱讀1-1，6頁），政治權力該對其統治的人民使用手段時，不該有所遲疑。例如：計謀、操弄、陰謀、分化或暫時結盟。政治雖然不要求投入政治的人都得使壞，但惡如果是必要，政治人物不應該排除惡的存在。

## 2. 只為了自保的政權不具正當性

如果政治領袖的行為與受他們所治理的人相比，並非更值得尊敬，那麼，他們的權威如何讓人信服？一個建立於策略與欺騙之上的權力，不但不具正當性，而且令人質疑。在歷史上，政權遭受到嘲弄、質疑甚至是推翻的，也所在多有。盧梭認為，當個人位居有權力的位置，他便代表著公共意志（▶見文本閱讀1-2，6頁）。不過，這些人本身並非完美，也常常沉溺於私利，忘記政治的真正目的是共同利益。

## 3. 權力競爭應該是為公共利益服務

每個人關乎的利益各不相同，有時甚至彼此衝突，因此不可能同時滿足所有人。公共普遍的利益也只是個別利益的簡單總和。至於所謂的多數利益，常常也只是獲得最多分享的個別利益，而不是所有人的利益。所以，要決定由誰來治理以及根據什麼原則治理，是很困難的一件事。

有志治理的公民，應對公共利益與他們做的事情有入微的洞察。柏拉圖同意，政治牽涉到許多個人之間的競爭形式（▶見文本閱讀1-3，7頁），但是經由這種競爭篩選出的人，必須具備為普遍利益服務的能力。政治職務不是獎賞，也不是有利可圖的位置，而是義務與責任。例如：在危急時刻，如人質遭俘時，政治需要做出勇敢的決定，或為了符合大眾福祉而有所犧牲，甚而做出不受歡迎的決定。

# Q2: 政治是眾人之事嗎？

　　施行政治責任是有難度的。必須制定出大眾能接受的法律，也要有能力面對意外變故，並做出明快的決定。在古代，人們認為政治藝術（手段）與某種神授權力有關。那麼，制定法律的責任難道只屬於菁英分子？難道我們希望政治只由少數專家所持有？

## 1. 必須由最優秀的人來治理

　　人類的事務大多無法脫離偶然、起伏變化、意外多舛的特性。例如：天災、戰爭、疾病、經濟危機、社會衝突。對卡爾·施密特（Carl Schmitt，20世紀）來說，政治是專事處理例外的常態體制。治理者必須證明自己的膽識與具遠見的才智。他要能應對緊急事故，也要預見長期的後果，而不僅是一味地滿足當下需求。

　　因此，政治責任需要一些超脫，同時具備卓越的能力。在古代，人們用「公民道德」來表達這種技術與道德性兼備的綜合能力。西塞羅認為，公共事務必須由道德最高尚的人來治理（▶見文本閱讀2-1，8頁）。

## 2. 人們將自己權力委託出去，來制定法律與管理國家

　　政治措施在變動中成形，並需將無限多樣的評估納入考慮。一個政治決定可能同時對就業情況、經濟成長、安全、個人自由、衛生、環境等面向產生影響。一個人甚至一個經驗豐富的團體，都要思考萬無一失之道。分析政治局面永遠不可能面面俱到，應該要有轉圜的餘地，法律也應該可修改。同樣，個人所擔負的責任也要有時限，例如：政職任期是暫時性的，兼職也應有限制。

　　因此，公民將權力交付代理人，但必須能控制他們的行動。情況若往反方向發展，就會變成，我們託付權力給這些代理人，他們卻將權力占為己有。貢斯當所分析的權力平衡，便能道出現代國家政治代議制度的特點。（▶見文本閱讀2-2，9頁）

## 3. 必須讓公民對公共事務感興趣

　　民主系統為人民預留了對代理人政治行動上的控制權，尤其經由選舉便能阻止連任。理論上，代理人必須對所代理的人們負責，但在政治事務上，公民會表現出某種程度的冷漠，因為他們是被個人化的活動所驅使（如：專注於職業成就或消費傾向），或反之，因社會排擠與不穩定的生活條件而無法參與。個體常常對國內或與生活太遙遠的國際政治問題不聞不問。若這種事不關己的態度不斷擴大，將給政治人物過多空間，如此便是反民主之道而行，違背政治是實踐公共普遍利益的概念。對托克維爾來說，必須找到方法提高公民對政治事務的興趣，因為這確實與所有人息息相關（▶見文本閱讀2-3，10頁）。

關鍵字區分

偶然（contingent）/ 必然（nécessaire）

偶然是指那些目前存在的事物，可以變成不存在，或是變成另一種方式存在。一個社會是以偶然的方式在演變，不可預期之事會在社會中發生，每種情況都是前所未見的。必須要在不確定中尋求行動，而不是像自然科學由必然法則推導而出。

關鍵字區分

理論上（en théorie）/ 實踐上（en pratique）

在民主制度中，理論上，人民是法律的依據，因為主權是由人民所承認，而且他們可以透過定期選舉的方式行使主權。但實踐上，假如公民對公共事務論辯不感興趣，也不行使投票權，儘管主權公認為人民所有，他們仍然喪失了部分主權。

# 哲人看法

————— + —————

TEXTES

## 文本閱讀 1-1

馬基維利

尼可拉·馬基維利 Nicolas Machiavel
1469-1527

關鍵字區分

現實（réel）/ 理想（idéal）

我們期盼政治行動可以依據公正的典範與普遍共同的利益來執行，但是治理的人必須體認到，人類的真實樣貌，是有各種缺點的。

Q：政治藝術的技巧在於懂得扮演多重角色？

尚貝涅，《黎塞留主教的三幅肖像》，約1642年，油畫（58.7 × 72.8公分），英國倫敦國家藝廊。

1 | 犬儒主義者，古代的哲學學派，挑戰社會成規。犬儒主義者衍伸為不顧一切道德考量的人。
2 | 「君王」這裡表示有政治責任的人。
3 | 名聲不好。
4 | 容易憐憫並容易寬恕的人。
5 | 喪失其他方法、可替代的解決方式。

## 文本閱讀 1-2

盧梭

讓·雅克·盧梭
Jean-Jacques Rousseau
1712-1778

---

# Q1：政治只是權力鬥爭嗎？

**人類社會需要權力機關來組織。但倘若政治只是征服策略與保有權力，就會有危險。**

*政治，「只要目的正確，可以不擇手段」*

馬基維利是這句名言的作者，他並不是犬儒理論家[1]。在這段文本中，他至少建議君王要根據現實行事。

因此，君王[2]不應太介意有著殘酷的惡名[3]，只要使臣民們團結並順從：因為除了某些情況外，他比起那些因「仁慈」[4]而坐視混亂、殘殺與打劫發生的人來說，或許來得更仁慈。後者使所有人受害，而君王下令的處決，卻只傷害特定的人。

在所有的君王中，新的君王免不了有著殘酷的聲名，因為新的國家總是危機四伏。[…]然而，君王不應輕易相信他人或貿然行事，或疑神疑鬼，而應用智慧與人道關懷謹慎行事，過度自信會使自己過於魯莽，過度猜忌令自己偏執且缺乏寬容。在這裡有個爭議：到底應該受人愛戴還是令人畏懼？我會說最好恩威並施；將這兩者合在一起當然是困難的，若必須有所取捨，那麼，令人畏懼會比受人愛戴來得好。因為人類有一種共通性：他們容易忘恩負義、善變、虛偽、躲避危險、利欲薰心。當你對他們好的時候，如同我先前所說到，他們一切都歸屬於你；當他們離個人需要還很遙遠時，他會願意為你流血、獻出財富、性命與子女；但當面臨到他們自己的需要時，他們就會背棄你。當君王全然信任人民的這些話語，而完全沒有任何預防措施[5]時，他就會失敗。

馬基維利，《君王論》，第17章，P. Veyne 譯本，「Folio」系列，©Gallimard，1996，103-104頁。

Q：馬基維利在這段文本中提出了「君王」行事之道的建議，他這麼做的目的為何？

Q：哪些是君王需要發展並具備的特質？

Q：人類的哪些特質，會被政治領袖拿來合理化他們爭議性的手段？

*政治行動必須以公共普遍利益為目標*

盧梭對「用盡各種手段保有權力」與「依法行使的政治權力」做了最關鍵的區分。當政治行動是為公共利益服務時，就是正當的。

唯有公共意志才能根據國家建立的目的，為了共同福祉，來指揮國家的各種力量：因為，若是建立社會的必要性，源自於個別利益之間的衝突，卻也是因為這些利益之間具有共通性，社會才變得可能。正是這些不同利益之間的共通性，才使得社會關係得以形成：若這些利益之間沒有在某一點達成一致的話，就沒有任何社會能夠存在了。所以，社會治理也只能建立在共同利益上。

因此，我認為既然主權是要行使公共意志，就完全無法讓渡[1]，又既然主權者只是一個集體的生命，那麼就只有它自己能代表它自己：權力可以轉移，但意志不可被轉讓。

實際上，雖然個別意志在某方面與公共意志可以是一致的，但這種一致不可能長久且穩定：因為個別意志，從本質上來說，會傾向於個人喜好[2]，而公共意志則傾向於平等。

1 | Aliéner，字面意義上是「成為另一個」，在這裡是以徹底與專屬的方式交付。

2 | 意指偏向某些特定人士的利益。

盧梭，《社會契約論》，第二卷，第1章。「GF」系列，Flammarion，2012，61-62頁。

---

### 理解命題的論據 —— 文本閱讀 1-2

**命題**：為公共利益服務的政治行動才具有正當性。

**論證 1**：沒有無關社會生活的政權，也沒有無視共同利益的社會生活。▶ Q：社會的存在為什麼不能無視於共同利益？

**論證 2**：政治行動的目的是為了公共利益，而不是當權者的利益。▶ Q：為什麼沒有任何個人可以長久宣稱自己的意志就是公共意志？

**確實理解了嗎？** 路易十四所宣稱的「朕即國家」，與共和國的「總統為國家最高代表」，兩者之間的差異何在？

**關鍵字區分**

正當的（légitime）/ 合法的（légal）

法律上，政權制定法律，它是法制的來源。但未必所有政權都是合法的。

---

*需經權力分配來服務公共利益*

**文本閱讀 1-3**

柏拉圖

柏拉圖 Platon
公元前 428-347

柏拉圖在《理想國》中，想像了一個理想的社會，將政治權力交付一群超脫個人利害的傑出人物。在以下〈法律篇〉節選短文，柏拉圖認為這些人如其所是，不會放棄公共利益。該做的就是權力分配問題。

政權在此成了政治競爭的目標，征服者將城邦事務的權力都攬在手上，不留一點權力給被征服者或是其後裔。

[…]任何不是為了城邦的公共利益所制訂的法，就也不是公正的法律。當法律是為某些人的利益所制定，我們將這些人歸為「派系成

員」，而非「公民」，當他們談論權利，等於空談。若我們重視這些論述，這表示在你的城邦中，我們不會因為某人有錢或是因他擁有如力量、體格或出身等同樣的優勢，我們就會將權力交給他；而是宣布在城邦中，最遵守法律，且最傑出的人，依法賦予職權，我們主張，應該讓他們來為城邦的法律服務：第一名的授予最高職務，競賽獲得第二名的給與次要職務，以此類推分派其他職務。那些今日被稱為「統治者」的人，我稱之為「侍法者」，這不是隨意創造的新字眼，而是我認為城邦存亡的問題比其他任何事還來得重要。

柏拉圖，《法律篇》，第四卷，L. Brisson 譯本，「GF」系列，Flmmarion，2006，237-238頁。

Q：「派系成員」與「公民」的差別何在？
Q：在什麼情況下，柏拉圖可以接受政權做為競爭的目標？

# Q2：政治是眾人之事嗎？

**政治行動需要能力與對公共利益的認知。是否應將公共事務的責任託付給看起來最高尚的人？若是每個人都參與法律的制定，難道不會比較好嗎？**

**文本閱讀2-1**

西塞羅

西塞羅 Cicéron
公元前 106-43

### 必須由最優秀的人來治理

　　西塞羅自己也肩負著重要的政治責任，他同樣認同政治行動必須為共同利益謀福。在這篇文本中，他得出結論，認為要由品德好、尤其是有能力的人來執行國家公務。

　　假使一個民族為了自身福祉，自由選擇他們託付命運的對象，他會選擇最優秀的人，我們可以肯定國家的福祉掌握在「最優秀公民」的政治智慧上：事實上，最傑出的人因為他們有能量，也有智慧來支配那些較為軟弱的人，這就是自然法則，而後者也甘願接受聽命於優秀的個人。

　　[⋯] 有什麼比一國政府受到美德的統治更好的事呢？當支配他人者不受自私欲望的誘惑；當他處理所有自己設想出的工作任務，並號召同胞們一起完成；當他不強求人民服從任何他自己也不順從的法律，但卻可在其同胞與大眾眼前以身示範，讓自己的生活符合法律規範。

　　假如單憑一個人就足以達成這些目標，我們就不需要一群人來治理：又假設全體人民能夠找出一個最優秀的人，而且大家看法一致，就沒有人會想要選一批人將他們放在治理的位子上。[⋯] 貴族統治恰

好介於一人統治的不足與群體盲目之間的適當位置，達到最佳平衡。這也就必然造成，若由最優秀的人來看顧國家，人民是最幸福的結果：他們釋放一切擔憂，不需多慮，因為人民託付他人來保障自身的安定，那些人應保護他們，並且不會讓人民認為他們的權益被這些最優秀的公民所忽略。

西塞羅，《論共和國》，第一卷，E. Bréguet譯本。©Les Belles Lettres。

Q：有資格統治的「一群最優秀公民」，該具備哪些不同能力？

Q：本文末提到當人民「託付他人來保障自身的安定」，其中隱含著什麼風險？

公民委託制定法律的權力

**文本閱讀 2-2**

貢斯當

班哲明・貢斯當 Benjamin Constant
1767-1830

貢斯當從歷史上區分出公民參與國家事務的兩種方式。古代共和國中的公民是直接參與，而18世紀後的現代政治系統中，公民專注於個人生活，將政治活動委託給代理人。

在古代，當人們奉獻越多時間與精力行使政治權利，他們越感到自由；就我們現在可以擁有的那一類自由來說，我們越行使權力，就越有時間專注在自己私人的興趣上，這樣的自由對我們而言才是更珍貴的。

因此，各位先生，這就是為什麼代議制度是必要的。代議系統是個組織，使得國家可以託付給一些人，進行國家不願做或是不能做的事。窮人的事自己解決、富人出錢請管家管理。這就是古代國家與現代國家的歷史。代議系統就是大眾希望維護自身利益，但不一定有時間去做，因此委託一些人當他們的代表。

但是 [⋯] 人民尋求代議制度是為了享有符合他們所需要的自由，但也應積極並持續監督他們的代理人，當代理人違背承諾時，保有將他們免職的權利，或是在他們濫權時收回所賦予的權力。

[⋯] 現代自由的危險在於，人們沉浸於享受個人的獨立與私人利益的追求，以至於人們太容易放棄我們在政治權力上的參與權[1]。

| | 每個個人的平等參與。

貢斯當，〈古代人與現代人的自由的比較〉，1819年於巴黎皇家中學的演講，<br/>《論現代人的自由》。@Gallimard「Folio」系列，615-616頁。

Q：比較古代城邦與現代國家的政府形式。

Q：代議制度有哪些風險？

## 文本閱讀 2-3

托克維爾

亞歷希斯・德・托克維爾
Alexis de Tocqueville 1805-1859

*必須讓公民對政治感興趣*

托克維爾研究19世紀的「民主實驗室」——美國。他提出有關現代民主的悲觀預言：對公共事務退卻到個人主義與冷漠的態度。其中一個原因是公民的實際／具體問題與中央權力產生了距離。

一國的公共事務只透過一群特定公民來管理。他們也只是每隔一段時間在同一地點開會，接著就很少見面，之間也就無法維繫長久的關係。不過，若要解決民眾居住區域內一些特殊事務時，這群個人就會保持聯絡，某方面來說，他們是被迫要互相認識且互相幫助的。

要使一個人不顧自身事務，而去關心整個國家的命運，是很困難的，因為他不太了解國家的命運會為他個人命運帶來什麼影響。不過今天如果有一條路鋪設到他的居住地，他立刻就會察覺到這項公共的小事與他私人大事之間的關聯性，無需他人說明，他也會發現原來個人利益與整體利益之間的關係如此緊密。

因此，多讓公民管理小事，如此他們就不必操心政府管理的大事，會更關心公共利益。

托克維爾，「美國人如何以自由制度對抗個人主義」，《論美國的民主》，
第二冊，第二部，第四章，@Coll.「GF」，Flammarionm 1981，133頁。

### 定義

從道德意義來看，個人主義近似「自私」。但從社會學的角度來看，個人主義其實也帶有個人專心於豐富私人生活的傾向，而不關心整個社會的共善。

### 關鍵字區分

具體（concret）／抽象（abstrait）

在國家範圍內，政治行動必須以抽象的方式，如比率、週期、趨勢等，來討論民眾的境況：但政治行動卻會對個體的生活（自由、就業、物價…）造成具體的影響。

### 理解命題的論據 —— 文本閱讀2-3

**命題**：公民直接參與地方民主，可以對抗他們對公共事務的冷漠。

**論據一**：幅員遼闊的國家，只有同一區域的公民才會互相認識。▶ Q：為什麼公民彼此認識，有利於政府管理公共事務？

**論據二**：公民不容易看見一般政治問題與他們日常問題之間的關係。▶ Q：為什麼公民對地方政治管理的參與，能進一步引發他們對公共問題的興趣？

**確實理解了嗎？** 區域性民主讓公民得以參與，又能夠補足代議政治制度不足的原因何在？

## 進階問題思考

PASSERELLE

## Q3：政治一定要用演的嗎？ ▶見第四冊的〈歷史〉

### 1. 權力執行者會將行動轉化為表演，以肯定自身合法性

君王要彰顯自身地位，僅用盡忠職守來證明是不夠的，他還必須觸動人民的感受。傅柯（▶見文本閱讀3-1，12頁）分析了君主會在哪些情況下施展處罰的權力。那是君主展演權力的場合。

### 2. 但政治活動必須使整個社群都成為戲劇場景之一

偉大人物在歷史上會留名，但是政治也可能是一部共同創作的作品。對鄂蘭（▶見文本閱讀3-2，12頁）來說，政治是對抗遺忘與死亡的自然循環，來證明人類集體存在的一場戲劇。

### 3. 傳播方式的演變可能使政治戲碼變調

政治活動都會透過某些場面安排呈現。當代哲學家德布雷（▶見文本閱讀3-3，13頁）分析傳播方式的演變（印刷、收音機、電視、網路等）對政治表演場面造成的影響。

| 亞歷山大大帝出席一場斬首罪犯的公開處決，繪圖擷取自魯夫斯（1世紀）的《亞歷山大大帝傳》。15世紀，法國漢斯市立圖書館。

**文本閱讀 3-1**

傅柯

米歇爾・傅柯 Michel Foucault
1926-1984

## 懲罰行為中王權的戲劇場面安排

傅柯研究權力如何產生自身正當性。他看到，權力特別想展現的，是令人印象深刻的能力。

公開處決儘管形式匆促且普通，卻是展現權力的消失與重建的系列儀式之一（如其他加冕儀式，君王進入被攻下的城內，叛民投降儀式）：公開處決，藉著在眾目睽睽下，處決有辱君王的罪犯，從而展現出權力不可抵擋的力量。其目的與其說是重建某種平衡，不如說是透過對比懸殊的方式，君王對膽敢違犯法律的臣民展示他無人能及的威力。儘管對私人損害的賠償應該要合乎比例，判決也應該是公平的，但執行懲罰的卻不是恰如其分地展演，而是以不平衡且過度的方式來展演：在這種懲罰儀式[1]中，一定要盡可能誇大強調[2]權力及其自身內在[3]的優越性。

[…] 酷刑不是重建正義，而是重新活化權力。因此，17世紀甚至18世紀初，[酷刑] 與其他恐怖場面，並非一個時代尚未抹去的殘餘。它的殘忍、展演性、身體的暴力、力量展現的過度手法、細膩的儀式、總之，它一切的機制都還銘刻在刑罰的政治運作中。由此，我們便能理解某些酷刑中一連串儀式的特性。尤其是某個在公開場合大張旗鼓的儀式之重要性。

1 | 這個詞是參照在宗教儀式中，一套程序與姿勢的編排規則。
2 | 指宏偉、盡可能地驚心動魄。
3 | 指本身自有的、特別能夠定義它的。

傅柯，《監視與懲罰》，Gallimard出版社「Tel」系列，1993，59-60頁。

Q：什麼情況下，懲罰罪犯會是一種儀式與表演？
Q：懲罰如何成為政治權力展演的機會？
Q：還可舉出哪些政治權力戲劇化展演的例子？

**文本閱讀 3-2**

鄂蘭

漢娜・鄂蘭 Hannah Arendt
1906-1975

## 政治行動之所以要讓所有人看見，是為了讓人記住

古代城邦中，政治是人們在歷史中賦予自己存在意義的方式。

如果說世界包含一個公共空間[1]，它就不能只是為了一個世代或是為了目前活著的人而創設：它必須超越必朽的人們的壽命。[…] 共有的世界[2]是我們出生就進入的、死後就離開的世界。它超越我們的壽命，延伸到過去和未來；它在我們來到之前就存在，在我們短暫羈旅以後依然持存。和我們共同擁有它的，不只是跟我們生活在一起的人，更包括以前來過的人，以及在我們之後要來的人。但是這個共有的世界，它之所以能夠在世代遞嬗中持存，只是因為它是公開出現的。將人類想要從時間的自然廢墟中救出來的東西吸收進來，並且讓

1 | 也就是讓人們有機會顧及彼此，並可表達的空間。
2 | 是指已經形成的人類社會，規模大於家庭，透過價值與各制度而建立。
3 | 是指能讓人發布與採取公共決策的共同領域。
4 | 鄂蘭認為，我們從古希臘人身上發現的政治深層意涵，現已幾乎消失殆盡。

它數百年來大放異彩的，正是公共領域的「公開性」[3]。在我們之前的許多年代裡(但是現在已經不復以往)[4]，人們之所以進入公共領域，是因為他們希望他們自己以及和他人共有的某些東西能夠比他們的俗世生命更加恆久。

鄂蘭，《人的條件》，引文使用林宏濤中譯版，商周出版，107-108頁。

Q：從時間的角度來看，如何區別個人與其所屬社群的存在？
Q：什麼情況下，政治所打造出的公共領域，能讓共同生活的世界得以存在？
Q：人類為什麼需要在歷史上留下痕跡？

## 科技演變改變了權力運作

**文本閱讀 3-3**

德布雷

雷吉斯・德布雷 Régis Debray
1940~

德布雷觀察到，新傳播工具的改變，會挑戰權力運作。權力與媒體曝光再也分不開。

在所有君王[1]身上，[⋯]談的是一個帶有符號的人。政治功能必須產生符號，以呼應政治領袖必然的象徵作用。任何傳遞符號的人都參與治理；任何治理的人都介入傳遞。同樣，知識活動的場域與過程在時代變遷之中，隨著載體的演變與觀念傳遞[2]也發生轉移，因此才會形成公共政策的作法與國家的形式。一個社會的政治生活可以解釋成其手法的戲劇化。

[⋯]媒體學家[3]不會相信「演出者」(政治人物)的語言，因為他對政治人物們的外在包裝的興趣更勝其論述：室內的音效、有無影像呈現、使用喇叭擴音或mini麥、觀眾觸及率與節目重播時間。在價值表面秩序的背後，媒體學家尋找媒介[4]所隱藏的秩序，因為後者才是首要的，而不是前者。在政治人物身上，他看到的是整個媒體機器所形塑出來的人。

德布雷，《國家的誘惑》。「Folio」系列，©Gallimard，1997，12-13頁。

1｜如同馬基維利所言，必須廣義地看待「君王」為擔負政治責任的人。
2｜例如印刷術的發明。
3｜媒體學家不是「媒體人」，而是像德布雷這樣的學者，透過政治權力傳遞的符號與其使用的溝通方式進行研究。
4｜就是用來傳播訊息的工具。

**理解命題的論據──文本閱讀3-3**
**命題**：政治必須與運用的技術相配合。
**論據一**：權力產生符號與象徵。
**論據二**：溝通傳播方式的演變影響了政治。
**論據三**：現代的政治人物相當重視自己的形象。
**確實理解了嗎？**網路改變了哪些政治實踐的作法？

## 延伸思考

OUVERTURE

**文本閱讀**

西塞羅

西塞羅 Cicéron
公元前 106-43

**邱吉爾名言：「在所有的制度之中，民主是最壞的政治體制。」**

| | 區別平等（l'égalité）與公正（l'équité）。西塞羅的意思是，以相同方式對職業與能力不同的個體進行權力分配，是不合理的。

---

# 政治科學

## 什麼是最好的政治體制？

*最好的政體──混合式的政府型態*

西塞羅重拾亞里斯多德《政治學》中的政體分類。每個系統根據不同情況，都有其優點與缺點。但若一個政體能夠綜合其他政體的優點，並補足缺陷，就是一個理想的政體。

**Q: 共和國中該如何分配權力，才不會被有影響力的權貴據為己有？**

|《羅馬》，2005，電視影集。

　　當全部事務都交給一人，我們稱這人為國王，這樣的政體稱為君主制。當事務都交給一群菁英，這個城邦則受貴族的意志所統治。至於民主的城邦，如其名，所有權力都屬於人民。這三種政府無論是哪一種，都能夠維繫著人與人的關係，它們一開始的目的，就是為了創造出將人民結合起來的政治組織。對我而言，他們不是最完善或最棒的，其中一種都有可能比另一種來得好，但至少都是可接受的。因為即便是一位公正又具智慧的國王、被挑選出的菁英公民，甚至是人民本身（儘管我最不建議這制度），只要沒有涉及不義或是貪婪，似乎都能維持一種相對穩定的體制。

　　不過在君主制下，其他公民可能會過度排除在司法與政治之外。貴族政治中，人民也未必能享受到自由，因為參與公共決策的權利與權力都受到剝奪。最後是民主制，即使人民是公正且有節制，但當它不考慮到（每個人作為自身與他人之間的差異）尊嚴的區分[1]，這樣的平等本身仍缺乏公正性。

[⋯] 我上述所提到的三種政府，是它們未受任何混淆，仍保有自身的特殊性。每個政體不僅具有先天各自的缺陷，還有其他更致命的缺點。[⋯] 這就是為什麼我認為要有第四種政體，作為最好的政體。這個政體，是綜合前述的三種政體，成為一種均衡的體制。

西塞羅，《論共和國》，第一卷，E. Bréguet 譯本。© Les Belles Lettres。

## 民主是共和體制的唯一形式嗎？

從古代開始，「共和」源自拉丁語「公共事物」或「公共財產」，是一種將大眾利益置於政治行動核心的體制。今天我們認為民主是為了實踐這個目標的最好制度。但某個個人或是某一群體，都能援引共和的方式來行使權力。在古代，當人們提到君主「共和」時，並不認為有任何矛盾，甚至認為包括民主在內的其他政治體制，同樣會忽略公共利益。而像亞里斯多德或西塞羅這樣的思想家，就會想像出混和的體制（包含民主、貴族與君主政治等面向），結合不同政體的優點、避免主要缺點。

### 哲學練習——分析制度的例子
1. 製做一份圖表，分列西塞羅所說的三種體制，各別描述其定義、優點與缺點。
2. 如何區別共和與民主這兩種概念？

## 電影

### 《華府風雲》：是否應該相信政治？

**情節**

傑佛森・史密斯是一位沒有經驗但有抱負的政治人物，而他剛選上參議員。

其實他獲得晉升是因為山姆・泰勒的暗中相助。泰勒是狡詐但具影響力的商人，他打算培養對自己有利的政治領袖，而他自認能夠輕易操縱這個年輕的參議員。史密斯在熟悉政治運作的政治人物喬瑟夫・潘恩身旁工作，於是開始了解華盛頓的政治圈。在議會上，史密斯必須反對一件水庫興建案，這個案子牽涉到許多有錢的企業家，泰勒也包括在內。史密斯在得意助手克萊莉莎・桑德絲的協助下，得以堅守原則，揭發幕後違背原則的利益妥協與腐敗的政商結構。

法蘭克・卡普（Frank Capra）《華府風雲》的電影海報。

## 對民主的幻滅？

史密斯正面迎戰遊說權力：政治代表因為金錢利益而墮落，還聯合媒體，並用手段施壓。

我們可以看到誠實又天真的民意代表，以及由腐敗犬儒之人組成的政治階級，兩者之間略為誇張的對比。此片上映時，美國政治人物都無法接受，遭批評是部宣揚共產主義的反美電影。

但倘若這部片對美國民主採取了批判的角度，它同時也是為了找回民主原初的精神。從史密斯初抵華盛頓、造訪歷史建物時著迷的眼神可見一斑，因為此處同時也是奠基美國民主神話的聖殿。

## 一部公民教育作品

透過克萊莉莎解說法條通過的過程（第 45 分鐘），以及電影中一幕參議院重建開會的場景（第 36 分鐘），我們可以說《華府風雲》的貢獻在於讓美國公民了解他們的機構是如何運作。「觀眾－公民」被教育，電影擔負了政治功能，卻不淪為政治宣傳。從 19 世紀開始，托克維爾就明白指出，只要公民認為公共事務與自身相關，中央集權就不可能與民主並存。

### 哲學練習——對民主制度批評是必要的嗎？

1. 民主制度中，民意代表可能會面臨哪些壓力？
2. 當一部電影揭發政治環境的腐敗，在什麼條件下會有利於反民主的論述？
3. 然而，當藝術作品與電影揭發民主的腐敗面時，是否應該予以限制？

# 哲學時事

## 民調是民主的工具還是民主的失控？

羅蘭‧凱羅爾（Roland Cayrol，1941生於摩洛哥首都拉巴特），著名的政治學家，著作豐富，常受邀擔任電視政論節目來賓。曾長期擔任法國CSA民調機構主任。他的著作如《輿論的報復》（La Revanche de l'opinion，2007），為民主制度中民調的效用作辯護。

穆罕默德‧沙夫克‧梅巴（Mohamed Chafik Mesbah，以下簡稱「穆」）：多數對民調機構的質疑都是對其加權的計算，認為這是修正初步的民調結果。這類的加權計算，會不會太隨意了？

羅蘭‧凱羅爾（以下簡稱「羅」）：某些選民，如投給民族陣線（FN）的人，會「隱藏」他們的投票意向，因此我們必須「重建」這些原始的調查結果。最簡單的方法就是問他們上一次的票投給誰。選民的「謊言」都是一樣的，不過，我們可是知道之前的選舉結果！因此，我們掌握了校正結果的統計數據關鍵。這是一種簡單實證的技巧，可改進我們的統計圖表！

穆：我們從民調中獲得的成果，會用來做什麼？

羅：媒體發布調查是為了讓讀者清楚：多虧有民調，每位公民更能從他的投票衡量自己意見的分量，而出爐的民調可讓決策者掌握民意的走向。透過我們的資料，決策者能夠知道他們做的事（政治措施、產品推出、電視節目規劃）是否可行，了解不同區域的民意，以及他們必須作出什麼修正才能爭取信任。這在情勢危急時特別有用。但理想的情況當然不是等到危機發生才去了解民意，民意可以是公民、企業員工或是消費者的意見。

穆：您在論證自身專業的有效性時，提到「戰略選民」這一概念。選民透過民調來做決定，如同您寫的，「民調像一種指南針，能在政治中辨識方向」。是否應該將民調制度化，強制規定選舉時都該參考使用？

羅：強制規定？不，我不同意用強迫的方式。但在所有宣稱民主的體制中，我認為公民不可避免要能利用民調。這是一面鏡子，可反映出選民在意什麼。公民需要了解「該投給誰」，了解國內實際民意之間力量強弱的關係。民主與民調不可分割！

訪問羅蘭‧凱羅爾，〈為民主服務的民調〉，
於《阿爾及利亞之夜》（Le Soir d'Algérie）的訪談紀錄，2007年5月31日。

### 民調複雜且爭議的方法論

在政治民調中，必須要區分題目、支持度、投票意願，最後還有選舉當天投票率等不同的民意調查尺度。

法國在1977年通過一條法案，訂定一些規定，包括在選前兩天不得公布民調，甚至在投票所關閉前不該散播估票結果。

訪調員會透過一些工具以求民調精準：根據調查人數的數量使用或然率、隨機或是相反地選擇代表性樣本作調查，或是根據先前調查結果進行加權。若他們認為某些民調被低估，就會使用「校正」法則。

---

## 訪　談

---

### 思考時事的哲學問題

© / courtesy Illustration de Léocrart

1. 問題探討：「是否該相信輿論？」這篇訪談讓我們得以探討訪調者運用哪些工具來估測大眾的意見。
a. 第一個問題提出訪調者所使用的「校正」方法，指的是什麼？描述訪調者所使用方法的其他面向。
b. 透過選舉與透過民調來了解民眾意向的區別何在？
c. 請從右頁〈統計學家的觀點〉，說明民調結果為何無法當作客觀知識。

2. 問題探討：「民主，是由輿論決定嗎？」這篇訪談肯定在民主制度
　　中，參考民意是有效的。

a. 在訪談中，對第二個問題的回答裡，區分出民調的兩種作用。是
　哪兩種？

b. 以貢斯當的文本（▶見文本閱讀2-2，9頁）去解釋，為何選舉以及選舉
　以外的期間，都需重視民意？

c. 為什麼政治領袖根據民意進行統治，會是煽動的？如果因西塞羅
　（▶見文本閱讀2-1，8頁）口中的政治道德而冒犯當前民意時，可以算是
　有勇氣嗎？

## 統計學家的觀點

　　拿一份在理想情況下做出的民調進行對照（完全隨機抽樣、100%
答覆率、沒有任何虛假的回覆），仍然會有3%上下的不確定性，這是
因為大約700份訪調中，有人會放棄作答。

　　而且實際上，上述這些條件非常難達成。首先，選民無法完全
隨機取樣，在電話訪調中，實際答覆率大約是10%或20%，最後，還
不能忽略故意給出相反答案的虛假回答。[…] 訪調者還可能越過道德
界線進行「校正」，完全不知節制。更誇張的是，有時甚至看得出他
們修正這些錯誤回答的破綻！[…] 要知道，在提到的這五家民調機構
中，我敢說裡面完全沒有精通民調理論的專業統計學家。其實，從科
學方法來說，我們找不到任何客觀的規則來處理採樣結果。所有的校
正標準都很可能只是主觀選擇，這比較屬於政治學者經驗上的好惡，
而非統計理論。

米歇爾・勒任（Michel Lejeune），〈缺乏控管…〉，《世界報》，2012年4月26日。

定義

民主是主權在民的政治體制。
然而，人們對於民主一直有
個批評是，認為民眾是善變
且容易操控的。

定義

煽動（démagogie）是一門誘
導人民的藝術，使人民相信
這就是他們想要的。事實上，
字根「agogé」的意思是「駕
馭者」、「引導者」，但同時也
是「迷惑與下咒者」。

# 哲學練習

------+------

EXERCICES

## 練習 1　掌握並運用關鍵字區分

a. 合法的（légal）／正當的（légitime）。在什麼條件下，政權是法制的依據？但政權並非永遠都具正當性，我們該怎麼衡量政權的正當性？

b. 說服（persuader）／信服（convaincre）。民主制度中，政治語言如何使公民–選民信服？民主制度中的候選人與政黨難道就不必再使用具說服力的論述形式？

c. 理想（idéal）／現實（réel）。按照理想典範來治理的危險與好處分別為何？

d. 理論上（en théorie）／實際上（en pratique）。哲學、經濟學、社會學、政治學科都提供許多理論，目的是為了產生好的治理，並對國家政治人物提出建言。試舉這些理論的例子。此外，這些理論在不同政治情境下窒礙難行的原因為何？

| 2007年5月8日，法國總統席哈克於巴黎的閱兵典禮。

## 練習 2　透過文本探討問題

　　我們習慣見到國王由護衛、鼓隊、官吏與各種令人尊敬與畏懼的機制[1]包圍著。這使得他們的儀容，即便是在獨自一人沒有隨扈時，都給臣民留下尊敬與畏懼的印象，因為在人們的想法中，不能將他們本人與隨扈分開。人們不明白這現象其實是一種習慣，卻相信這是一種天生自然的力量。

　　　　　　　　　　巴斯卡（Blaise Pascal），《沉思錄》，口袋書系列59號，2000，61頁。

1. 當國王出現時，會出現哪些特徵？有哪些刻意製造的效果？
2. 政治如何運用記憶與想像？
3. 是否就此放棄檢驗「政治權力正當性」與「政治權力對人民造成的印象」之間的區分？

[1]｜這裡指的是每個人或一般民眾「機械性反應」的行為。

4. 從照片中，我們能否能找出巴斯卡所描述，權力的戲劇展現手法？

練習3　引文分析

根據德國20世紀政治理論學者卡爾‧施密特（Carl Schmitt）：「政治行動或政治動機都有一個特別的區分，就是分辨敵人與朋友。」（施密特‧《政治的概念》）

1. 什麼情況下，政治必須區分「朋友」與「敵人」？
2. 什麼情況下，「政治作為」幾乎等同發動戰爭？
3. 何謂共識？基於什麼，在政治中尋求共識是可以期待的？
4. 什麼情況下，共識這個概念不同於施密特所定義的政治權力？
5. 透過制度化來尋求共識的方法是否存在？

練習4　分析題目並建立問題意識

題目：「人需要被治理嗎？」

1. 定義動詞「治理」（gouverner），同時仔細區分它與「統治」（dominer）或是與「指導」（encadrer）的差別。
2. 人類本性與社會生活有哪些特質，因而能夠合理化「被治理」的需求？
3. 人類本性中的哪些特質可能與這種需求相對立？
4. 治理方式應該有很多種吧？
5. 找出要發展論述的核心問題來作答。

**練習4──哲學練習試答**

1. 「治理」這個動詞本身就有政治涵義，它涉及行使與組織權力的某些方式。法律提出的框架，套用在個體身上會成為束縛，且幾乎能控制他們、剝奪所有自由。但這裡指的是一種制度化的權力形式，追求特定的政治目的。我們知道，尤其是古代，政治是追求公共利益的行動。
2. 如果人類能夠自發地制定並遵守規則，不妨害他人，法理定義上的法律就沒有存在的理由，也不需要政權來制定法律並要求人們遵守。但實際情況是，社會是有衝突的，且個人重視自身利益勝過公眾利益，因此必須要有一個政治權力機構來運作。
3. 在人類自身，渴望自主：人是自由的存在，外在的規則對他而言都是束縛。人是理性的存在，能運用他的思考能力謀求自身利益，也因此，人無法想像為什麼會有另一個比他優秀的人，可以管理他的存在。

4. 政治體制有多種形式，也就是說政治責任的分配方式很多樣。尤其當一個政體可能針對的利益目標可大可小，它可能只對某些人有利，也可能排擠追求平等的少數。不過，我們還是能透過勇氣、膽量、開放與對話的方式來管理。如果人必然要受到管理，仍然存在許多治理的方式。

5. 在人類社會中，政治權力行使有其必要，但不表示任何形式的政治權力都能被合理化，例如最不公正與最壓迫的政權。

---

## 綜合整理

### 定義

政治是與權力運作相關的所有活動。政治是由權力制定並施行法律，讓人們得以組織社會生活。

提問 **Q1：政治只是權力鬥爭嗎？**

提問 **Q2：政治是眾人之事嗎？**

癥結

政治責任必須有人去實行，但他們可能會忘記，這個責任必須要以追求公共利益為目的，才是公正的。

癥結

所有公民在政治決定上，無法直接且持續參與。但政治也不該只是少數專家的事。

答題方向

對馬基維利來說，君主必須使用適當的手段來行使權力。
對柏拉圖而言，只有指派最利於公共利益的人，權力競爭才是有用的。

答題方向

對西塞羅來說，最好是由最值得信賴的公民來治理公共財產。
托克維爾揭發代議政治的危險，那就是公民會對政治感到冷漠。

引述

「君王令人畏懼會比受人愛戴來得好。」
（馬基維利，《君王論》）
「那些今日被稱為『統治者』的人，我稱之為『侍法者』。」（柏拉圖，《法律篇》）

引述

「國家的福祉掌握在『最優秀公民』的政治智慧上。」（西塞羅，《論共和國》）
「要使一個人不顧自身事務，而去關心整個國家的命運，是很困難的。」
（托克維爾，《論美國的民主》）

政府是人民的主人還是僕人？

# 2 | 社會

**Q1 為什麼要進入社會？**
**Q2 社會是否控制其成員？**
**Q3 社會能夠阻止衝突嗎？**
**Q4 為了尋求幸福，我們應該要逃離社會嗎？**

▶ 見第二冊的〈道德〉 ▶ 見第四冊的〈歷史〉

建立社會

《恨》（*La Haine*），1995，（法國導演）馬修・卡索維茲（Mathieu Kassovitz）的電影。

| 一般看法 | 思考之後 |
|---|---|
| 社會是個體自由結合而成 | 社會為個體之間的交換訂立規則 |

社會就如同《恨》這部電影中形影不離的三個朋友，是個體自由結合而成。個體結合的目的是共享財產與服務，讓朋友與社會成員形成互補關係，並帶入家庭的親密性。例如：運動協會、企業或是具有家庭精神的教會。

社會將人區分，對權力與財產進行不平等的分配，從宗教或族群之間產生的衝突可見一二。社會不僅是簡單地共享財產與人才，還創造這些「資源」分配的規則，例如：選擇配偶、指定領袖、生產產品的再分配。若有人違反規範，就會削弱社會所建立的秩序或暴露其脆弱性。

# 我們能感受到社會對我們造成的影響，
# 但我們真的了解社會是什麼嗎？

## 從定義尋找問題意識

### 定義

> 社會是一個有組織的整體，透過規範，規定個體之間的關係。

#### 有組織的整體

社會不是個體拼湊而成，而是個體透過彼此的關係互相定義。因此，男人與女人、富人與窮人是根據自我與他人相對的權力、想法與品味定義自己。例如：依據所處的社會環境，有些人喜愛歌劇勝過法國香頌，或是喜愛高爾夫球勝過足球等。

#### 透過其規範，規定……

社會會賦予行動、物品、知識不同價值。當某種作為越接近社會規範，價值就越高。例如：一件流行服飾之所以深受大眾喜愛，是因為它符合當季標準，不像過時的衣著。因此，社會按照自己的規範來決定每項貢獻的價值，如酬勞給付或是人情上感謝。事物的價值以及人所擁有的權力是相對且相互依存的。

#### 個體之間的關係

社會不是分散個體的總合，社會是透過個體之間的關係而結合起來。

## 定義提出什麼問題？

定義引導人去思考，個體並非各自分離的存在，而是存在於社會之中。▶ Q1：為什麼要進入社會？

這個定義同時也呈現出社會規範在有意或無意間，都會對個體造成影響。▶ Q2：社會是否會控制其成員？

人們即便創造出社會，卻未必擁有相同看法，而且所追求的利益經常是分歧的。▶ Q3：社會能夠阻止衝突嗎？

# 問題思考

————— ✦ —————

C O U R S

## 關鍵字區分

限制（contrainte）/ 義務（obligation）

限制是為求生存或是達到某些目標，而加諸於外在身體上的必要措施。義務則是指向人們「藉由約定俗成而採取的」責任。如果家庭是學習義務的場所，家庭中的公平與政治法律所規定的正義相比，顯得較輕微。後者是人類對整個國家共同的善所做的決定。

# Q1：為什麼要進入社會 ？

單獨的個體無法確保自己的生存。家庭回應了某部分保護與分工的需求。而社會是否回應了其他需求？

## 1. 為了在公正的法律下共同生活

　　人類生來似乎就要生活在社會中。這也是我們會對有人選擇了隱居，或當邊緣人而感到訝異的原因。對亞里斯多德（▶見文本閱讀1-1，29頁）來說，社會本質上是適合人類的，因為社會使人類得以發展自身能力，例如語言、理性。因此，在社會中，個體不只是被「為了滿足基本需求」這種限制所支配。他們根據自身對正義與不正義的認知，自由選擇服從相同的法律，而法律也帶來了一些義務。例如：古希臘社會中，自由人得以（透過奴隸）滿足自身的需求，但他也有義務為城邦服務。

## 2. 人類活在社會中是為了交換

　　古希臘社會中，個體藉由自己所屬的城邦與社會地位（男人／女人／孩童）來定義自己，是很自然的事。至於現代的個人則是透過工作來定義自己。例如：若有人問起他的身分，他會以自己的職業來回答。

　　透過工作，個體投入並服務社會，進而嵌入這個交換的網絡之中，而這也等同於投身個人的興趣。根據亞當‧斯密（▶見文本閱讀1-2，30頁）的說法，每個人只要追隨自己的興趣，透過交換，就可讓所有人獲益。例如：商人為了滿足自己的獲利，必須賣好商品給客戶。

## 3. 為了學習共同生活

　　我們或許支持亞里斯多德的看法：人類因為天性良善，生來就該和諧相處。但亞當‧斯密的觀點可能就比較實際，他認為個體都是自私的，社交只是為了進行交換。康德（▶見文本閱讀1-3，30頁）綜合了兩方看法，指出社會同時回應了社交的渴望與個體的獨立。

　　對康德而言，個體最初都是為追求利益而未明言地接受他人，但理性經過長期增長之後，個體會懷抱共同利益的想法，而使共同利益在某個政治環境下實踐出來。

# Q2：社會是否控制其成員？

與家庭或國家相比，社會似乎是由自由的個人結合而成，且提供人們更容易自由結合的環境。但我們對職業或是朋友的選擇，是否真的完全自由？

## 1. 社會決定其成員的生活條件，以及如何行動與思考

　　每個個體都受到社會規範的影響，包括他們以為是出於自由的選擇，例如職業或是生活方式。我們因此可以稱之為社會決定論。這些決定因素就是涂爾幹（▶見文本閱讀2-1，31頁）所說的，最先來自於家庭的宗教信仰或語言。

　　對社會學家而言，決定論是理解社會現象的工具，例如可以用來解釋某些社會類型的人自殺率較高。社會學所扮演的角色就是要解釋社會現象。

## 2. 個體能生產，並重複產出他們自己的社會

　　社會秩序並非獨立於個體之外，因為社會秩序要通過個體成形。行為規範（如禮貌）與義務（如餽贈）都是透過習慣，而非經由法律強制獲得接納。個體無意識地重複生產著這些行為，例如：統治群體得以建立，是因為被統治的群體認為自己不能統治，後者（因為他們的語言、體格、收入等）還因而內化為一種低人一等的感受。

　　因此，社會學家皮耶・布爾迪厄指出，個體相信有某種天生的秩序決定了他們在社會中的位置。他們想要模仿統治者，但這種秩序是透過繼承，而不是天生的。統治者能統治，是因為他們與眾不同，而且藉由與他人的差異使人產生深刻印象。所以，布爾迪厄指出（▶見文本閱讀2-3，33頁），家庭尤其是個資本整合與傳遞的模式。但這並非絕對的參照。

---

定義

> 決定論否定每個事件是偶然的，不相信工人的兒子或是主管的兒子能夠自外於社會背景，而自主選擇學業科目。社會決定論者認為，職業的選擇是早已被決定的。

定義

> 社會現象，是我們可以透過調查或統計數據進行研究的普遍、經常且規則性的集體現象。這現象超越個體意識，以某種方式限制他們思考或反應。例如：自殺。透過統計研究，我們清楚看到，在某些特定情況下，某些類型的人比其他人容易選擇自殺。

關鍵字區分

絕對的（absolu）／相對的（relatif）

絕對的參照，表示家庭是自我的參照，獨立於社會環境；相對的參照，是指遵守由社會訂定、對統治成員有利的特殊規範。

# Q3：社會能夠阻止衝突嗎？

社會樹立了規範，並透過這些規範保留了統治的價值與階級，而得以控制個體。但社會能成功整合所有成員，並結束他們之間武力相向的關係嗎？還是暴力會以新的形式出現？

## 1. 社會無法阻止衝突，因為社會建立在衝突之上

社會圍繞著工作、金錢與自由競爭，甚至是因為個體的互補而組織起來。社會避免不了衝突。若按照馬克思的假設來看，「迄今，所有社會的歷史，都是階級鬥爭的歷史」。例如：布爾喬亞階級在法國大革命之前仍聽命於貴族，但後來他們由於財富增加，才一躍成為統治階級。

至於社會福利，則來自持續的社會辯論而進行的抗爭。例如：退休權利是經過人們不斷討論其法律依據及可行模式後，才獲得的社會福利。侯伯·卡斯特（▶見文本閱讀3-1，34頁）指出，透過集體的力量來捍衛這些權利，能夠使個體實現自我。

## 2. 社會應該為個體之間的衝突負起責任

社會的角色是要建立制度（如：司法、社會福利），某種程度上使人與人之間的交往能「專業化」。社會可能顯現出冰冷缺乏情感的一面，例如法官必須裁決孩子的監護權。但是，如呂格爾（▶見文本閱讀3-2，35頁）所指出，在毫無友情或親屬關係的先決條件下，社會有責任透過制度照顧所有人。

## 3. 社會透過調節以平息衝突

然而，制度的角色的確曖昧，既滿足個體的需要，卻也控制著個體。可以從學校或醫院觀察到這種情形。這就是傅柯（▶見文本閱讀3-3，36頁）的理論，他揭露了平等社會的陷阱：社會藉由提供援助與提供成功路徑的機制來行使權力，以平息紛爭。例如社會要求人們遵守規範，社會也因而界定了甚至製造出異常行為。也因此，當社會對個體照顧越多，個體越容易被視為異常。

定義

階級：個體因共同利益而結合成的群體，會與其他階級有所區隔。對馬克思來說，階級來自於生產條件，而這會造成擁有生產工具的人與替他們工作的人永遠的對立。

# Q1：為什麼要進入社會？

接下來的三篇文本指出，人們在社會中自我實現。古代的理想是把社會視為公民的政治共同體（體現在共同善的意義上），而現代社會角度則越來越傾向把公民社會視為從個體自由出發所構成的群體（較著重私人利益）。所有的社會生活都反映出兩種對立的憧憬：相互結合與相互區別。

## 哲人看法

TEXTES

*社會是幸福的條件*

### 文本閱讀 1-1
亞里斯多德

亞里斯多德 Aristote
公元前384-322

　　要理解亞里斯多德的文本，必須從了解他的假設開始：假設人是政治性動物，那麼社會（polis）便可讓他實現本性（或本性所指向的目的）。因此，人只要離開城邦，等於剝奪了他人性的完整。

　　當許多城鎮組合而成的社會群體，達到自給自足[1]的程度，也可以說是當它變得完整時，它就是一個城邦。城邦是為了生存的緣故而存在。這也是為什麼城邦是自然形成，因為比它更早存在的各種社會群體也是如此自然存在著。[…]

　　由此明顯可知，城邦是自然事物的一部分，而人天生就是政治動物，並且若一個人由於天生而非偶然的緣故不在城邦之內，他要不是低賤之人或超凡之人［…］

　　因為這樣的人天性好戰，如棋局裡孤立的棋子[2]。這就是為什麼人類和蜜蜂或其他群居動物相比，更是政治動物。就如我們所說，自然不會無故造物，然而只有人類是唯一擁有語言[3]的動物。動物藉著聲音表達痛苦或快樂。（它們的本性不僅是知覺痛苦與快樂，並能互相表達痛苦與快樂）。但是語言的存在為了表現出有利與有害，因此表達出正義與不正義。因為有別於其他動物，人類的特殊之處在於，只有人類擁有知覺善惡、對錯，還有這類觀念的其他能力。以上這些的共同體，形成了家庭與城邦。

亞里斯多德，《政治學》，第一卷，第二節。
P. Pellegrin譯本，GF-Flammarion，1993，90-92頁。

### 關鍵字區分

原因（cause）/ 目的（fin）

亞里斯多德透過目標或目的（達到幸福生活）來說明社會的概念，又透過目標（區辨正義與不正義）來說明語言。他要尋求最終的原因，來說明什麼是社會。要說明社會是屬於人類的，就必須知道它的目的為何。

1 | 自給自足，尤其指經濟上。
2 | 不活在社會裡的人，不僅無法生存，更重要的是缺乏知識，也缺乏身為人類的生活。
3 | 說話使人追求共同的目標，因此才能夠互相同意如正義與實用性等普遍價值。

### 關鍵字區分

特殊、特定的（particulier）/ 一般的（général）/ 普遍的（universel）

城邦的存在使人認為，一般來說，人比動物來得有意義。但亞里斯多德與柏拉圖不同，他認為正義並沒有普遍的本質（永恆且放諸四海皆準），而只適用於特殊、特定的社會的本質。

## 理解命題的論據 —— 文本閱讀 1-1

**命題**：「人類是政治動物。」也就是說，社交能力對人類而言是天性，而且社會本身也是自然的。

**論據一**：首先，如果沒有社會，人就什麼都不是（社會是人類存在的條件）。▶ Q：每個社群（家庭、村莊、王國）都回應了某些自然需求。是哪些自然需求？

論據二：社會本就是自我實現（社會就是自身的目的）。▶ Q：「城邦」為什麼是人類生活完善的形式？

論據三：社會讓人成為人（社會是成為人的手段）。

**確實理解了嗎？** 若說這段文本只是贊同「社會的存在只是為了人類的生存」，其實並不正確。為什麼？究竟這段文本認為的社會功能是什麼？

**文本閱讀 1-2**

斯密

亞當‧斯密 Adam Smith
1723-1790

*社會對交換是必要的*

社會不能只用自然的目的論來解釋。人類是自私的，但社會藉由交換滿足人們的需要。社會要如何運用利己主義，卻不損害他人？

　　我們不是因為屠夫、釀酒者或麵包師傅的善心而獲得晚餐。他們不過是為了獲取自己的利益。我們不要祈求他們的仁慈，而是訴諸他們的自私。對他們從來不談論我們的需要，只說對他們的好處。只有乞丐才會依賴乞求他人的仁慈來過活。[⋯]

斯密，《國富論》，1776，第一冊、第一卷、第二章，GF，82頁。

Q：除了經濟利益外，還有什麼其他利益能夠使人們互相合作？

Q：請翻到 64 頁的文本，說明亞當‧斯密為什麼認為交換形式比餽贈更能建立社會。

**文本閱讀 1-3**

康德

依曼努爾‧康德 Emmanuel Kant
1724-1804

*社會解決人類的矛盾*

康德認為人類生來就具有道德觀。人們會從自身的理性中，形成某些普世性法則。市民社會所發展出的利己主義似乎有違其目的，而儘管人類社會中存在這利己傾向與社會偏差，人們仍會發現自己的道德使命。

　　自然[1]用來實現其所有稟賦之發展的手段，就是這些稟賦在社會中的對立性[2]，只要這種對立性最終成為社會合乎法則秩序的原因[3]。在此，我將這種對立性理解為「人類非社會的社會性」，也就是說，人類有進入社會的傾向，然而這個傾向卻又與一種不斷威脅社會分裂之持續反抗結合在一起。[⋯] 然而，正是這個反抗喚醒了人的所有力量，促使他克服懶惰的傾向，在成名的欲望、統治欲或占有欲的驅使下，使他在他無法忍受、卻也離不開的同伴之中爭取一席之地。這便發生了從野蠻狀態邁向文化的第一步，文化實際上存在於人類社會價

值當中。因而，所有才能逐漸得以發展、品味[4]逐漸得以形成，甚至透過持續的啓蒙[5]，開始建立起一種思考模式，將辨識道德的粗糙自然稟賦逐漸地轉化成為一種確定的實踐原則[6]，也使得社會從一個病理學上[7]脅迫的約定，最後轉化為一個道德的整體[8]。

康德·〈命題四〉，《世界公民觀點下普遍歷史之理念》(1784)，
Gallimard，Folio 論文，L. Ferry 譯本，482頁。

Q：本文是基於何種論點而指出，是理性把人類帶入社會？
Q：為什麼個體不能完全憑他們的意願來建立社會？
Q：人類的「非社會性」反而造就哪些進步？
Q：對康德而言，道德在於永遠不把人當作手段，而是當成目的。社會一定會走向道德性嗎？

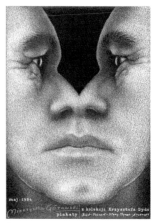

| 米切羅·格羅夫斯基（Mieczyslaw Gorowski, 1941-2011），石版畫，1983（59 × 83cm），現代藝術博物館，紐約。

---

1 | 法則的整體，引導人按照一個計劃而行動。
2 | 兩個原則之間的對立。
3 | 服從於法律下的安排。
4 | 美感。
5 | 建立於理性之上的認識。
6 | 純粹道德性的動機，而不考慮行動。
7 | 被動地。
8 | 在社會體中，人對他人而言並非是手段，而是有自由與他人合作的個體。

---

**從文本到論證——文本閱讀 1-1、1-2、1-3**
透過閱讀這三篇文本，加上你自己的思考，試著找出下列觀點的論證與反證：
- 我們的社會立場受到自然本性的限制。
- 社交使人類變得更好。

**關鍵字區分**

內在的（immanent）/ 超越的（transcendant）

個體所想的並非來自於他的內部（內在的：存在於事物之內），而是來自於外在世界（超越的，指來自於「……之上」）。

# Q2：社會是否控制其成員？

涂爾幹創造出「社會事實」的概念，是為了指出社會是個特殊的研究對象，不同於自然事實、歷史事實等各種事實。社會是具有普遍性但帶有特殊形式的「事實」。例如：每個社會都進行交換，但都是按照自己的習慣。人們不一定能辨認出社會事實，因為我們不是在社會中而是在個體、國家或宗教身上尋找原因。

*社會對我們具有強制力*

**文本閱讀 2-1**

涂爾幹

艾彌爾·涂爾幹 Émile Durkheim
1858-1917

社會不僅支配著成員之間的關係，還把超越個體的束縛力施加在成員身上：社會其實闡明了成員的決定、信仰與想法。個體是如何毫不猶豫便屈服於社會的要求？

當我履行身為兄弟、丈夫或公民的義務時，當我執行自己訂下的契約承諾時，除了我與我的行為之外，我便已盡了法律與道德所規範的義務。即使我認為這些義務符合我自己的情感，內心也承認它們的實在性，但這種實在性不可能是客觀的，因為這不是我自己創造的，

而是透過教育獲得的。甚至有時候，我們連自己承擔義務的細節都不懂，而為了了解它們，我們還得去查法典或是請教有資格解釋法律的人。這就像是宗教信仰與儀式，打從信徒一出生，一切都為他們準備好了。如果這些宗教儀式在信徒出生前就已經存在，就表示這些都是外於信徒而存在的。我用來傳達想法的符號系統、用來償還債務的貨幣制度、在商業往來時使用的信貸工具、職業工作中所遵循的慣例等，都以獨立於我自己的方式來運作。假設我們拿構成社會的全部成員中的每個人為例，上述一切都會在每個人身上重演。也就是說，行動、思考、感覺等方式，展現出明顯特性，都存在於個體意識之外。

這類行動或思考不僅獨立於個體意識之外，還對個體形成一種強迫的、強制的力量，無論個體是否願意。或許，當我完全出於自願遵循時，就不會出現，或是不太容易感覺到這種強制性，也就變得不強制了。但它仍具有這些行為的內在[1]性格，尤其是當我試圖抵抗時，便立刻能證實它的存在。

| | 本質的。

涂爾幹，《社會學方法的規則》，1988，PUF，3-4頁。

Q：第一段中的舉例如何證明社會面向同樣涉及家庭面向？
Q：假使「行動、思考與感受的方式」獨立於個體意識之外，個體是否會誤以為自己是按照意識行動？
Q：如何能感受到社會限制我們的行動、信仰、交換、工作與思考方式？

**文本閱讀2-2**
黑格爾
費德利希·黑格爾 Friedrich Hegel
1770-1831

*個體有隸屬於社會組織的需求*

黑格爾認為現代社會充分肯定個人自由，他認同斯密的論述。個體是透過中介的組織（同業公會、工會、協會）來加入社會。這會對社會造成危險還是形成力量？

在現代國家[1]中，個人僅能有限地參與國家公共事務。然而人作為倫理性的存在，有必要在私人目標之外，參與普遍的活動。[2]當國家不能一直提供他這方面的需求時，他可以在同業公會之中，找到這類普遍的活動。[…]當然，這活動必須在國家高度監管下，否則會變得僵化，故步自封並退化到（排他性強、又具有強烈保護主義）可悲的階級制度。

1 | 政治機關管理所有公民的生活。
2 | 這裡用「普遍的」，是因為同業公會是建立在法律與目標上，不同於個體建立的依據。

黑格爾，《法哲學原理，第255節，補充》，R. Derathé譯本，Vrin，256-257頁。

政府是人民的主人還是僕人？

**理解命題的論據——文本閱讀2-2**

**命題**：個體學著超越個人利益，將自己提升到同業公會的整體利益。有國家的控管，不致使同業公會保守封閉。

**論據一**：現代國家透過法律，明確認定個體之間的平等。但個體並未完全意識到這一點。

**論據二**：為大眾利益服務，並屬於同一族群的意識，其實是透過工作來形成，但是在無意識下進行。必須找到超越個人利益的辦法。

**論據三**：同業公會是介於個體與國家之間必需的「層次」，因為它代表的是公共利益。

**結論**：國家仲裁同業公會之間相牴觸的訴求，是真正且唯一確保社會團結的保證。

---

*家庭是難以界定的社會對象*

**文本閱讀2-3**

布爾迪厄

皮耶·布爾迪厄 Pierre Bourdieu
1930-2002

布爾迪厄指出社會的再生產必須透過教育。應該確定社會限制個體的模式，並指出家庭其實是個政治性機制。家庭為國家服務，只是表面上看起來屬於私人領域。

事實上，家庭在維持社會秩序與生產上，都扮演著關鍵的角色，這不僅是從生物學角度，更是從社會學角度來看。[…] 透過各種形式與世代傳承，家庭是資本[1]累積的絕佳場域；家庭是為了傳承，也透過傳承才保存其整體性，最終得以傳承也在於傳承。它是再生產策略主要的「主體」，[…] 尤其是國家透過各種身分登記程序，如將身分登錄家庭戶口名簿，用上不計其數的法條，把家庭認同建構成社會中最強的感知原則且最真實的單位之一。[…] 公共觀點 […] 深刻地介入我們對家庭事務的觀點中，而我們最隱私的行為也屬於公共行為，例如居住政策或更直接的家庭政策。

布爾迪厄，《實踐理性》的附錄《家庭的精神》，Seuil，「Point」系列，1994，145頁。

[1] 布爾迪厄談到經濟資本（財富）、象徵資本（威望）與社會資本（人脈）。

Q：家庭透過何種方式重新複製它的社會階級？請舉例。

Q：夫妻、單親家庭生活，或是單身生活，只是純粹的私人事務嗎？

從文本到論證──文本閱讀2-1、2-2、2-3
分析題目：「家庭是一種社會模型嗎？」並明確描述「家庭」
與「模型」的概念。在此之前，請回答下列問題：
- 當家庭被視為需要遵守的規範時，它會是一種社會模型？
- 在文本閱讀2-1與2-3中，家庭被視為簡化的社會模型，它
  與社會遵守著相同規則嗎？
- 在文本閱讀2-2中，社會反而不能視為家庭的模型？

## Q3：社會能夠阻止衝突嗎？

▶ 見第二冊的〈幸福〉
▶ 見第四冊的〈歷史〉

內戰、社會衝突、對社會政策與社會模型的討論，表明了社會是個
衝突的場域。社會如何面對成員之間互相矛盾的訴求？當它採取預
防策略以避免異常狀況發生時，豈不正好顯示出它的脆弱性？

<table>
<tr><td>文本閱讀 3-1<br><br>卡斯特<br><br>侯伯‧卡斯特 Robert Castel<br>1933-2013</td></tr>
</table>

*沒有不經抗爭或辯論而獲得的社會福利*

　　支持「倡揚個人價值」[1]似乎是理所當然的事。然而，侯伯‧卡
斯特卻認為，社會只能以爭取社會福利來捍衛個人自由。但是，保
障社會福利並無法阻止社會中的衝突。因此，社會無法省去那些與
社會福利相關但立場不同的辯論與協商。

　　弔詭的是，這是社會歷史無法迴避的教訓，必須要將個體「去個
體化」，使他們成為完全獨立的個體。個體因是群體的一分子，才賦
予他們權利，工作權、集體協議的權利，如保障勞工社福權益與「權
利所有者」。例如：退休權益理所當然包括應給付年老勞動者的退休
金，而這退休金是為了讓他能夠繼續自己負擔生活。退休金是以個人
方式給付，而他以個人身分得以自由使用這筆退休金。但這屬於他自
己的權利，來自於他屬於一個勞動群體的結果，他數年來也分攤這筆
費用，以滿足他的退休制度所訂定的共同規則。當勞動者加入一個集
體保護系統中，其個體性便受到保護。[…]這是為什麼我說無限上綱
地倡揚個體價值的公共政策有其極大的模糊性。這種模糊性所指的是
這些公共政策之所以具有好的面向，是因為讓我們幫助的人可以負起
責任的用意是正面的，但絕非因為讓一個人純粹接受幫助就是對的。
普及這種（無條件幫助每個人）政策的要求其實有疏漏以及遮蔽面。
它忽略了去思考個體是否能自行負責、「自我推進」、「自我動員」的
條件（或支撐）的必要性。[…要知道]容我無禮地說，一個個體若沒
有這點支撐，是無法獨自立足，可能帶來社會死亡的危機。

卡斯特，〈倡揚個體價值的曖昧模糊〉，《重新建立社會》，
Seuil 和 La République des Idées，2011，18-24頁。

[1] 使其有價值、榮耀。

Q：如何透過退休權益的例子來理解「去除個體的個人化」？

Q：是否可以提出與他相反的論證，來支持相反的論據？即：社會保
　　護措施都是對個體自由基本權利及價值的侵害。

| 描繪尚‧饒勒斯（Jean Jaurès）不同演
說表情的速寫，艾洛伊-文森（Albert
Eloy-Vincent），1910。

## 公共服務機構是否是對抗衝突與冷漠的保障？

**文本閱讀3-2**

呂格爾

保羅‧呂格爾 Paul Ricoeur
1913-2005

　　當社會藉由公共服務機構（警察局、醫院、教育）與法律（整
體的協議），賦予所有人相同的保護與義務時，社會似乎能令大家滿
意。但是所謂的「大家」，也是「沒有人」滿意。事實上，人們譴責
行政機關是不人性的「機器」，斷絕社交連結。呂格爾質疑，如果沒
有透過人與人之間的情感或讓人彼此被看見，這樣的社會是否真正
具備服務人的能力。若想脫跳朋友／敵人、贏家／輸家這種邏輯，
唯一方式就是信賴社會。

　　永遠不該忽略人際關係會是［⋯］激情（passion）的獵物，這種情
感在所有情緒中，可能是最暴烈，但卻最容易被隱藏，且最不忠誠
的 1。［⋯］激情帶著一種魔力，讓個人與「社會」產生對立，並揭露
出它的抽象性或匿名性（l'anonymat）。面對不近人情的「正義」與虛偽的
「慈善」，真正的仁慈卻常備受兩者的雙重嘲弄。［⋯］公共服務機構
「最終」的意義，是通過它們達成為人服務的目標；若沒有人從中獲

| | 假的、狡猾的。

得好處或獲得增長，形同徒勞無功。但是，更精確來説，這「最終」的意義，一直被掩蓋著；沒有人可以衡量制度對個人帶來的好處。仁慈[2] 不必然如同它展現出的樣子，它也可能隱藏在某些工作崗位上或是社會安全制度所提供的既微小又抽象的服務之中；它常是社會生活中遭到掩蓋的意義。[…] 這就是為什麼會令人「出乎意料」。因為我們不知何時會觸及到人。我們以為在這些人際「短暫」關係中付出了最直接的愛，但我們的慈善通常只是一種炫耀；若我們自以為在工作、政治等「長遠」的關係中可以不觸及到人，這或許只是我們自己的幻覺。

2｜無條件的贈與。

呂格爾，〈同伴與同輩〉，於《歷史與真理》，Seuil，1955，110 頁。

Q：為什麼制度承載著社會生活中所隱藏的意義？

Q：為什麼「隱藏」的仁慈，比虛偽的慈善更正當？

---

**文本閱讀 3-3**

傅柯

米歇爾・傅柯 Michel Foucault
1926-1984

### 排除是否往往不著痕跡？

傅柯揭開了制度隱藏的一面：一個照顧所有人的社會，更同時是監督著所有人的社會。所以一個充滿控制的社會，是否會有遭排除在外的人事物？

1｜傅柯比較了從前遭隔離的瘋子與痲瘋病人，比較遭監禁的犯人與限制在自宅的鼠疫患者，都是根據城市分區控制的程序。

2｜關閉在某處（如：監獄）或是納入某個類別（如：危險的）。

3｜每種踰越（法律）行為都採用刑罰，就如同根據不同病況而採取不同醫療手段。

將「痲瘋病人」當作「瘟疫患者」[1] 處理 […]：精神病院、感化院、少年犯教養所、受監控的教育機構，加上部分的醫院，一般來説，一切對個人進行控制的機構都以一種雙重模式在運作：一方面是二元畫分（瘋狂／不瘋；危險／不具攻擊性；正常／不正常）；另一方面則是強制安排[2]，進行區分式分配（他是誰？他應該在哪裡？他具有什麼特性？如何辨識他？如何用個別化的方式對他進行常態監管等）。一方面，我們將痲瘋病人當作瘟疫患者，把個別化[3] 的規訓手段運用在遭排斥者身上；另一方面，因普遍施行的規訓控制，使得「痲瘋病人」被貼上標籤，並對他啟動一種排除的雙重機制。

傅柯，《監視與懲罰》（又譯《規訓與懲罰》），1975，200-201 頁。

Q：作者認為現代社會排除方式有一種弔詭的形式：不是將人排拒於
　　社會之外，而是監禁在社會之內。這些所有被安置在精神病院、
　　在監獄、在教養院的個體，有什麼共通性？

Q：為什麼拿醫院、甚至學校，去跟上述這類機構來比較，會令人感
　　到詭異？

Q：衝突如何被掩蓋？

Q：這張典型全景敞視監獄的圖，是第一批的現代監獄，可以從中心點監看所有人。圓形屋頂透出的光線，如同盯著犯人的另一隻「眼」——這是哪隻眼呢？

｜愛爾蘭基爾曼罕監獄內部，位於都柏林。

# Q4：我們要逃離社會才能幸福嗎？

## 1. 社會保證人的幸福生活

　　亞里斯多德強調，人的幸福是建立於社會生活之上。然而奴隸卻因為他們的生活條件而無法幸福。

## 2. 社會造就人的不幸

　　盧梭甚至在《第二論》（《論人類不平等的起源與基礎》）中主張，人類在自然狀態中，不一定要被迫形成社會。他想像的是野蠻人的幸福。（▶見文本閱讀4-1，37頁）

　　但高尚野蠻人的神話並不是要人們揚棄讓社會更完美的可能。恰恰相反，憤世嫉俗者（▶見文本閱讀4-3，38頁）因只看得見社會缺陷，而造就自己與他人的不幸。想要逃離社會的渴望，也取決於社會賦予孤獨何種形象（▶見文本閱讀4-3，38頁）。例如社會無法將自主與邊緣放在同個平面。

## 3. 社會無法保證幸福

　　將個體的不幸連結到社會生活，是有用的解釋。如同佛洛伊德所提出，社會生活的幸福應該是在過多欲望的罪惡感與無法擁有的挫折感之間，達到合理平衡（▶見文本閱讀4-4，39頁）。

思考：這男人背對著社會。這是否為幸福的畫面？

卡斯巴·佛列德利赫，《面對雲海的旅人》，1818，油畫。（74 × 94公分），德國漢堡美術館，柏林。

### 汲汲營營而犧牲生命

**文本閱讀4-1**

盧梭

讓·雅克·盧梭
Jean-Jacques Rousseau
1712-1778

　　汲汲營營而犧牲生命，對這句話的批判是：我們注定只能改革社會，而無法脫離社會。盧梭承認「我們回不去」，回不到自然狀態。社會欺瞞人的不幸：社會雖然對人們的不幸提出解藥（工作、權力），但這些不幸（不滿足、不平等）卻是社會造成的。

　　野蠻人與文明人[1]的內心與意向[2]非常不一樣，也因此，一邊認為他們獲得了幸福，而另一邊則是陷入了絕望。野蠻人只求平靜還有自由，他只想要悠閒與不受外界干擾[3]的生活，就連斯多葛派[4]也遠比不上[5]野蠻人對其他一切外在事物的不為所動。相反地，社會中的市民一直都很積極，辛勤、奔波且焦慮地不斷追求更辛勞的工作：他們一直勞苦到死，甚至甘冒生命危險或是放棄生命以追求不朽。他們逢迎著那些自己厭惡的顯貴與自己鄙視的富人，使盡全力就為了獲取能為那些人服務的榮幸。他們驕傲地誇耀自己的卑賤，並誇耀那些人所給予的庇護，對自己的奴性洋洋得意，言談之間，輕視那些無法與他們分享同等榮耀的人。歐洲大臣的繁重但令人欣羨的公務，在那些

1｜有文化的。
2｜吸引力。
3｜沒有擔慮，全然平靜。
4｜古希臘的智者（如同活在公元一世紀的塞內卡，對任何發生的意外都無動於衷。他證實了自己能在任何一發不可收拾的情況下，保持鎮靜的勇氣，而獲得幸福。他是自己意志的唯一主宰。
5｜離……還很遙遠。
6｜野蠻人。

加勒比海人[6]眼中看來會是什麼樣的景象呢！

盧梭，《論人類不平等之起源與基礎》，Gallimard，Folio-論文，1969，233頁。

Q：盧梭談到「對其他一切外在事物的不為所動」，也就是說野蠻人（自然人）對某些事情還是有偏好的。是什麼事物？

### 「成為自己」是社會晚近的發明

**文本閱讀4-2**

尼采

費德利希·尼采 Friedrich Nietzsche
1844-1900

尼采讓這虛假的選擇變得更為複雜：逃離社會或留在社會。這裡甚至是個體要求孤獨（或獨特性），是對某種社會功能的回應。

在人類漫長的歲月中，沒有什麼比感覺到單獨更令人害怕。「個人」意味著獨自一人或感到單獨，既無需服從，也不用命令。在過去，這不是一種樂趣，而是一種懲罰；人們過去曾被判以「個人獨處」之刑。思想自由在過去就代表著不安自身。在我們現在對律法與秩序感到強迫與損害之時，過去的人則是將自私視為令人尷尬之物、視為真正的困境。成為自己，根據自己的標準來衡量自己，這在過去是不合時宜的。對此的愛好傾向在過去被視為瘋狂：因為一切的不幸與痛苦在過去都與獨自一人相連結。[…]凡是對群體有損害的行為，無論個別者是有意或無意為之，他都會受到良心譴責，不管是對他的鄰人與對整個群體皆是如此！對此，我們的觀點現在已經有了極大的轉變。

尼采，《快樂的科學》，§117〈群體的良心譴責〉，GF Flammarion。

Q：「感覺到單獨一人」，在盧梭的文本中，這種感受具有什麼價值？

### 虛偽的教訓

**文本閱讀4-3**

莫里哀

莫里哀 Molière
1622-1673

憤世嫉俗者[1]似乎是逃離社會的一例。或許是他們將社會價值過度理想化，例如他們會渴望絕對的真誠。

阿爾賽斯特：「不，我告訴你人們應該毫無顧忌嚴懲這種可恥、假裝的友誼。我希望作為一個人，無論在什麼情況下，說話要發自內心，真誠展現：[…]」
菲蘭特：「很多時候完全的赤裸直白可能會變得可笑，不太容易被接受，而且有時候你的毫無裝飾還讓你覺得受傷，這時反而將實話藏在心裡比較好。」

莫里哀，《憤世嫉俗者》，第一幕，第一場。

1 | 厭惡任何人的人。

Q：從阿爾賽斯特的指責來看，不就表明了他相信他所受的社會教育嗎？

Q：「隱藏內心的想法是好的。」對你來說是這樣嗎？

### 「好的教育」無法保證幸福

**文本閱讀4-4**

佛洛伊德

西格蒙德·佛洛伊德 Sigmund Freud
1856-1939

佛洛伊德解釋社會可能會助長某些幻想，因為它向我們展現出一種理想樣貌，卻又不符合現實。對佛洛伊德來說，所謂好的教育，應該是為孩子準備好面對人際關係暴力的一面。

今天年輕人所受的教育，掩蓋了性對他生命可能扮演的角色，這並非我們對當前教育唯一的譴責。這種教育的錯誤在於沒有讓年輕人準備好去面對他們注定成為人際攻擊的對象。教育用心理學方式指導他們進入生活中 [⋯]，這方法也是錯誤的，這種教育就等於給前往極地探險的年輕人一套夏季衣物與一張義大利湖泊地圖，都很不合適。[⋯] 若是教育認為：「這是人為了自身與他人的幸福而應當做的。」這些嚴屬要求並沒有什麼壞處，但是必須了解事實並非如此。我們反而讓年輕人相信，其他人都遵守了這些道德訓示，也都是良善的[1]。人們因而要求年輕人也變成這樣的人是合理的。

| 1 | 只做好事。

佛洛伊德，《人類文明及其不滿》，第八章注解，B. Lortholary譯本，Points，Seuil，2010。

Q：當我們重建佛洛伊德觀點的推理過程。這樣說或許表達得比較清楚：社會讓人帶有一種內疚感，不讓人快樂！

# 延伸思考

OUVERTURE

**文本閱讀**

蒂嫣

婕曼・蒂嫣 Germaine Tillion

| 蒂嫣在阿爾及利亞奧雷斯山進行田調工作，1935。

## 關鍵字區分

解釋（expliquer）／理解（comprendre）

所謂解釋，是尋求現象的成因。比起用在人類精神現象（人文科學），這個方法更適合用於自然現象。對於人文科學，研究者還想要的是理解，解讀其意義。

# 人文科學

## 「經驗」在社會學中的地位為何？

*文本閱讀*

婕曼・蒂嫣重新定義了社會學的關鍵與方法。

　　1943年的我，什麼經驗都沒有，我自己也知道。為了獲得經驗，以及解讀我手上的新事實，我必須先搜集大量資料。因為在理解之前一定要先學習，如有可能，還應按部就班學習。社會學者與歷史學者的處境相同：他們都擁有「事實」，也就是事情的「結果」。其實最根本的是這些結果的「原因」。在面臨挑選或創造出影響結果的原因時，後者需要長久的時間來採集，篩選是必要的。而怎麼進行篩選（這樣的篩選，也稱之為理解的過程）？除了從獲取的經驗本身做判斷，別無他法。

　　我之後才領悟到，只有一種經驗適用於我們每一個人，一種自己的神經、自己的骨髓感受到的經驗。從所有人類都明白的最普通經驗，或是自以為了解的（如飢餓感），或讓一個人自我肯定或是毀滅地心碎的最強烈經驗，完全沒有任何事物是憑空而來的。了解、想像、猜想，根據的是各種無盡的形式，由經驗所獲得的感受，而且也只能透過經驗獲得……我們獲取學識的運作方法很像樂譜上的音符，人類的經驗，是音樂的音階，少了它，樂譜就失去了生命。有多少歷史學家、心理學家、人類學家，他們是人類的專家，當他們整理文件時，像不像天生的聾子正手抄一首奏鳴曲的升調或是降調的音符？

　　我們只能理解一種人類，就是我們自己，假如不先透過盤點自己這第一步，我們不可能去盤點他人的內心。[…] 今天，物理學家、化學家、天文學家可以毫不遲疑地將自己與其研究對象區別開來，而現在「人文學科的人」也加入這行列了：簡單說，在實事求是的科學中，研究人員透過顯微鏡去觀察一種現象，人們可以區別：觀看者的眼睛、使用的工具、觀察的對象，然而有一種冷靜的（指的是科學的）高貴主導著這個操作過程……但人文科學並非如此，觀察者、放大鏡，細菌在玻片上蠢蠢欲動，未被明確隔離，而「經驗」（常常是熱騰騰的），像是霧氣布滿在顯微鏡，將這緊張的（情緒）「細菌」傳給了研究助理。

蒂嫣，《生命的片段》，Seuil，巴黎，2009。《外交世界》期刊，2009年4月。

### 理解親身經驗

涂爾幹的方法是將社會學變成可比擬自然科學的學科，要求社會學者全面中立（「將社會事實當作事物」）。反之，在社會規範中考慮到個人，是韋伯與布爾迪厄在理解真實經驗上所取得的成就。社會規範是透過個體賦與意義，而得以傳遞。對蒂婼而言，社會學家應該避免論斷一切，而是盡力去理解整個社會。

Q：涂爾幹名言「將社會事實當作（自然）事物」，在這裡為什麼受到否定？

Q：什麼樣的情況下，呂格爾的文本（▶見文本閱讀3-2，35頁）與卡斯特（▶見文本閱讀3-1，34頁），是否都同時求助於客觀事實與親身經驗？

---

## 電　影

---

### 《溫心港灣》：團結互助是烏托邦嗎？

#### 情節

馬賽爾・馬克思是住在勒阿弗爾的擦鞋匠。他與妻子阿爾蕾逖住在破舊的平民街區，但十分適應那裡互助的日常生活。

後來阿爾蕾逖罹患了不治之症，必須住院，此時馬賽爾偷偷收留了一位來自非洲加彭的年輕人以德里撒。以德里撒剛從港口貨櫃逃出，並面臨警察局長莫內的追緝。面對不近人情的行政機構，他居住的街區卻出現了團結互助的力量來保護他。

▶在冷漠、甚至是暴力的（對待偷渡者的方式）社會關係，以及對社會最弱勢者自發的保護之間，電影試著探索兩者的反差。

#### 背景

勒阿弗爾是座水泥城市，在第二次世界大戰遭受轟炸，後來由法國建築師奧古斯特・佩雷（Auguste Perret）規劃重建，那時他便提出要規劃平民階級使用的空間。

在這部片中，這個階層的人大多住在海港周邊，是饒富人情的街區。

| 阿基・瓜利斯馬基（Aki Kaurismaki）
《溫心港灣》的電影海報

政府是人民的主人還是僕人？

### 落差

電影不用社會學來解讀人物的處境，很少描述現實細節（不過片中出現了描述「加萊難民營」拆除過程的紀錄片），而是透過多種反差來加深社會性對比。儘管事件發生在當代，電影拍攝的手法卻能激起某種懷舊之情。會出現這種反差，首先與人物有關：馬賽爾的姓氏馬克思（Marx）與階級鬥爭有關，阿爾蕾逖（Arletty）則令人想到法國導演卡爾內（Marcel Carné）1938年《北方的旅館》（Hôtel du Nord）的女主角，至於分局長莫內開著雷諾R16的車、穿著第一次世界大戰黑色軍用華達尼風衣，根本就是從過去那個年代走出來的人。

導演也喜歡用固定鏡位、細心構圖的推軌鏡頭（打開貨櫃的瞬間），以及一些近乎荒謬的對話。發現難民的那一幕，就是以出人意表的方式表現出反差的例子。

### 烏托邦的故事

這些反差塑造出一種距離感，使人們觀看這部影片時，如同閱讀一個烏托邦的故事，導演也宣稱他的電影「從各個角度來說，是非常不現實的」。對那些非法移民來說，這故事尤其如同一個失落的烏托邦。

#### 哲學練習：互助的社會？

▶當分局長莫內向雜貨店老闆問起馬賽爾，雜貨店老闆以十分寬容的態度回覆：「我只是做我該做的事。我愛這個社區。」這句話有什麼涵義？我們也可以用同樣的態度看待本片其他角色嗎？

▶不同於亞當・斯密所說的，本片所呈現的互助關係，似乎毫不涉及自利的交換。如何形容這些關係？

#### 擬寫一篇綜合論證

▶透過這部影片，試著回答如下論題：所有社會都只能建立在利益之上嗎？重新思考上述的影片分析，再來回答這個問題。

## 練習1　掌握詞彙

a. 試著解釋何以這些詞組的概念都與社會相關：桌遊[1]，上流社會，法國國鐵局[2]，社會衝突，社會福利[3]，社會主義。

b.「動物社會」是否存在？

## 練習2　掌握詞彙 ▶見第二冊的〈幸福〉

定義下列字詞：

a. 反社會　　　　b. 慈善家　　　　c. 世俗化　　　　d. 犬儒

## 練習3　掌握詞彙

區分下列詞彙：

a. 反社會－反成規的人　　b. 禮儀（文明）－粗野（不文明）

c. 約定俗成－義務

### 練習3試答

1. 反社會的人無法過社會生活，沒有朋友，因為他逃避或不願有他人為伴。反成規的人是拒絕社會所傳遞的規範、習俗或價值的人。（如：錫諾普的狄奧根尼，人們稱他為犬儒主義者，就住在木桶裡。）

2. 禮儀是對社會準則表示尊重的態度，與「禮貌」或是與「對現實的尊重」是同義詞。粗野在今日表示對社會環境（對於人或是所有人共同的財物）不尊重的態度，或指欠缺禮貌。

3. 約定俗成表示所要尊重的習慣。義務是由規則制定出的規定，倘若不執行會招致懲罰。

## 練習4　概念區分

1. 試著區辨相近且容易混淆的概念，有助於深入掌握詞彙的概念。下列例子中，試問自己這個詞彙指的是社會還是共同體？

|  | 社會 | 共同體 |
|---|---|---|
| 家庭 |  |  |
| 企業 |  |  |
| 街區 |  |  |
| 大城市 |  |  |
| 城鎮 |  |  |
| 宗教團體 |  |  |
| 歐洲 |  |  |
| 聯合國 |  |  |
| 臉書社團 |  |  |

[1] | jeux de societé

[2] | Societé nationale des chemins de fer francais，société 在法文有社會與公司兩種意思。

[3] | sécurité sociale，直譯為社會安全。

2. 借用如上表格，明確指出社會與共同體的不同之處，並盡可能精確地定義這兩個概念。

### 練習4試答

1. **社會**：企業、大城市、聯合國、臉書社團（與其他社交網絡）。共同體：家庭、街區、城鎮、宗教團體、歐洲（指的是歐盟共同體）。

2. 德國社會學家托尼斯（Ferdinand Tonnies，1855-1936）將社群（德文：Gemeinschaft）與社會（Gesellschaft）兩個概念徹底分開來。他認為歸屬於某個社群（從血緣、愛、地域等）是人本性中的內在需求，個體間會互相產生情感或眷戀；而社會則是建立在思考的計算之上，是成員之間互享的利益。對托尼斯來說，社會的形式藉由社群的形式而獲得發展，但是隨著個人主義的發展，社會逐漸取代了社群。不過這數十年來，我們反而在談論社群主義的興起了，想要與社會分離。

練習5　名句思考 ▶見第二冊的〈道德〉

「活得好，要藏起來。」這句名言來自詩人兼劇作家弗里雍（Jean-Pierre Claris de Florian，1755-1794）〈蟋蟀〉的寓言，他用蟋蟀的角度，觀察一隻美麗蝴蝶的不幸遭遇後，寫下這首詩：

在世上活得奪目耀眼的代價太高。
我會多麼喜愛隱居，脫離一切！
活得好，要藏起來。

1. 說明這則寓言的意義和道德涵義？
2. 蟋蟀的「藏起來」是自己選擇還是不得不藏？
3. 什麼情況下，媒體所帶來的「名聲」與「曝光」能造就幸福，或是反過來破壞幸福？請舉出實際的例子。

練習6　句子思考

1. 何謂「消費社會」？這個稱呼是描述性還是批判性的？
2. 還能想像其他種社會型態嗎？那樣的型態是可行的嗎？
3. 商業發展是否無可避免地造就消費社會？
4. 社會是否可滿足每個人的需求？或者，它反而增加了需求，甚至是創造出需求？

練習7　分析日常生活的例子

　　根據美國社會學家高夫曼《日常生活中的自我表演》，社會生活要良好運作，如何「呈現」幾乎與「實際作為」同等重要。他用了兩則小故事來證明他的論點：水電師傅在顧客面前摘下眼鏡，讓自己看起來名符其實像個專業的人；而修理電視的師傅在修理完畢之後，卻在顧客面前將該裝回電視機的螺絲放入口袋。

1. 在顧客面前的這些動作與修理的品質有何關連？
2. 社會要求「給人家好印象」是否迫使我們欺騙他人？而這麼做，是否也會造成好的行為，並對社會關係的品質帶來好的影響？
3. 造一句問句，表達高夫曼所提出的問題。

### 練習7試答

1. 高夫曼舉這些例子來證明「自我（外在）呈現」與「實際作為」扮演著同樣重要的角色，而形象與服務也同樣重要。如沙特在《存在與虛無》中所說的「咖啡館服務生」，每個專業者對自身職業都有義務達到最好的期望，就像在扮演某個角色。
2. 如莫里哀《憤世嫉俗者》劇中的阿爾賽斯特，我們有權對這齣喜劇中的虛偽感到氣憤：人們善良的道德感，使我們對社會的荒謬感到憤慨。在這社會中，水電工或修理工的外在表現掩蓋了某些事情（眼鏡、螺絲），使得服務品質專業的好壞不建立在直接的客觀標準。社會迫使我們做出某種不真正符合我們自己的形象，也迫使我們盡可能表現出可親的樣子，並建立一種讓人信任的框架，以便於服務交換與分工。這些都在在證明社會設定了一種和諧，以抵抗個人可能出自本能對他人的不信任感。
3. 社會是否就是一座劇院，每個人在其中扮演著自己的角色？

練習8　例子分析 ▶見本冊的《正義與法律》

　　對（德國）哲學家阿賽勒‧霍奈特（Axel Honneth）來說，2005年發生在法國郊區的暴動，非關利益衝突，而是訴求身分認同。對他而言，這些暴動「是來自於社會加諸於這些族群的社會肯認型態，令他們極度失望[…]因為這些人感受到社會其他成員認為他們毫無正面價值。對我來說，這是這次社會衝突最主要的動機之一。表面上，這些年輕人與其他人擁有相同權利，但他們可能沒有條件來運用這些權利。」

（《人文科學雜誌》，172期，2006六月）

| 照片，土魯斯，2005年11月6日。米哈耶（Mirail）街區的暴動。

| 柯比意（Le Corbusier）的手指著「光輝城市」模型，這是 1931 年 10 月巴黎地區的建築計畫。

**練習論文寫作**

從這個例子，寫出一段論文，主題如下：「一個沒有法律的社會可能出現嗎？」

練習 9　圖片分析 ▶見本冊的〈社會〉　▶見第二冊的〈幸福〉　▶見第二冊的〈自由〉

1. 定義烏托邦的概念，並找出字源。這些人構思著理想社會，所追求的目標為何？
2. 柏拉圖《理想國》中的亞特蘭提斯（Atlantide）與湯瑪斯‧摩爾（Thomas More）《烏托邦》中的理想城邦，兩者的共通性為何是島嶼？
3. 烏托邦是否是個不理性的夢想？我們為什麼會認為左圖這項計畫是在打造一座理想城市？

**練習 9 試答**

1. 烏托邦首先是具有理想典範的價值，但常常無法付諸實踐。尤其他也具有批判的功能，以促使現有社會的主政者進行改革。
2. 島嶼（社會）的隔絕性得以切斷外來世界帶來的腐敗。
3. 烏托邦首先一定是個想像的模型，但也可宣稱絕對是理性的，因為就算是組織中最細微的面向，也都是經由精確計算的邏輯來仔細思考，一切絕非偶然。

練習 10　文本思考

　　我們無法排除新的工業情境下，人口密度急劇增加所扮演的角色。我們絕大部分的生命都在人群中摩肩擦踵。生活空間和獨處的需求因人口數量受到極大壓迫，因此造成一種想要「出離」的反效果。從一方面來說，單一性人群明顯可見，如同群聚的昆蟲侵入城市、海灘，貶低了個人價值的一切概念。他們抹滅了存在無可取代的神祕感。另一方面，當我們感覺到個人身分認同受到一種令人窒息的雜亂、無以名狀之物的質疑，我們被一種「殺人本能」擄獲，產生盲目向前衝的欲望，想要清空所有的一切 […] 當我們看到麵包或公車車票，一張 1 萬、100 萬，到最後變成 10 億馬克。最後，我們甚至不懂得什麼叫過頭了。這些數字同樣包含著不真實，整個國家的消失、倒閉。我們已經知道人類無法生活在滿布令人窒息的工業落塵的城市中。一個世紀後，噪音增加、活動步調加快、工作節奏緊湊、人工照明倍增的功率可能達到病態的程度，並可能觸發一種破壞的本能。

喬治‧斯坦納，《藍鬍子的城堡：對文化再定義之討論》，1971

a.　理解文本

　　人口大量增加，「數量」就足以挑起對他人的仇恨嗎？作者為什麼要提到「群聚的昆蟲」？他又為什麼要提到「殺人的本能」與「破壞的本能」？

b.　強調問題的癥結

　　斯坦納提出1930年代末仇恨的高漲，是因為受到社會的推動。對你而言，這情況是否還存在？在什麼情況下，群眾使人失去人性？而又在何種情況下，群眾會成為一種助力？

c.　檢視問題造成的影響

　　這篇文本的命題是反社會的。你可以提出相反的論證嗎？我們能從中歸納出什麼問題？

練習 11　論述產出與正反論辯

　　根據上述斯坦納的文本，分成三組。第一組決定在什麼情況下，群眾會使人失去人性；第二組則相反，指出在什麼樣的條件下，群眾會成為助力；第三組向第一與第二組提出問題，促使他們的回答更精確，或是修正他們的論證。

練習 12　深入思考

**「人是社會的產物嗎？」**

回答如下圖表的問題，架構出問題的提綱。

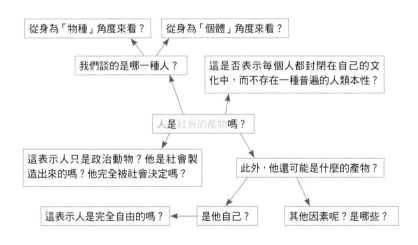

練習 13　分析題目　▶ 見第二冊的〈幸福〉

題目：社會是否「獎勵」罪惡？

1.為什麼「獎勵」這個字很突兀？可能有好幾種原因。

2.分別從道德的角度與社會的角度來看，「罪惡」是否也有所不同？

3.「社會成就」是否可以設想為沒有野心、沒有掌控的意志也不求利益？

# 綜合整理

**定義**

**社會是個有組織的整體，透過其規範，規定個體之間的關係。**

**提問**　**Q1：為什麼要進入社會？**

**癥結**　自我實現同時表示成為人，並發展人所具有的能力：理性、語言等，進一步達到幸福。

**答題方向**　對亞里斯多德而言，社會是人完成其人性精神的地方。
對卡斯特來說，隸屬於一個群體能使個人得以自我實現。

**引述**　「假設人是政治性動物，那麼社會（polis）便可讓他實現他的本性。」（亞里斯多德，《政治學》）
「弔詭的是，[……]必須要將個體『去個體化』，使他們成為完全獨立的個體。」
（卡斯特，《重新建立社會》）

**提問**　**Q2：社會是否控制其成員？**

**癥結**　問題在於要了解，面對社會規範，人是自由的，還是受到控制？

**答題方向**　就涂爾幹的決定論觀點看來，社會規範是屬於外在的、無意識與具強制性的。
但布爾迪厄認為，這些規範都已經被個人內化了。

**引述**　「這類行動或思考不僅是獨立於個體意識之外，還對個體形成強迫的、強制的力量。」（涂爾幹，《社會學方法的規則》）

**提問**　**Q3：社會能夠阻止衝突嗎？**

**癥結**　問題在於要了解，如果社會能夠整合所有人，它如何透過制度做到這一點？

**答題方向**　根據傅柯的理論，社會不僅威脅排除那些不服從規範的人們，它甚至會透過社會分類的方式，從內部進行排除。

**引述**　「一切對個人進行控制的機構都以雙重模式在運作：一方面是二元畫分[……]；另一方面則是強制安排。」
（傅柯，《規訓與懲罰》）

政府是人民的主人還是僕人？

# 3 交換

任何東西都可以買賣？

2012年9月25日，在西班牙馬德里一場名為「尊嚴」的遊行中，一名男子手舉「出售西班牙」的標語。

| 一般看法 | 思考之後 |
| --- | --- |
| 交換是平衡穩定的根源 | 交換可能帶來不公平 |

數十年來，人類高舉「全球化」之名，所有作為都是為了促進商業交易。於是，歐盟就在「採取共同貨幣、取消國界和自由交換」的信念下成立了，為的是保障歐盟人民和平與繁榮。與之相反的主張，便是鎖國、採取保護主義，這些國家設下障礙，不利於物品與人的商業交易和交流。一旦有這樣的態度，便是退縮的徵兆與倒退的源頭。

金融海嘯之後又出現經濟危機，這兩個危機都撼動了世界，尤其震撼了歐洲。自2008年起，人們開始思考大規模經濟共享的問題。這兩場危機使人思考自由貿易是否真能帶來和平與繁榮，當交換不公平或沒有調節，也可能帶來苦難，並降低身分認同。此外，我們豈能忽略貿易交換中牽涉到的正義面向？

交換如同一把雙面刃，創造出社會連結，但一旦失衡，也可能帶來毀滅。

政府是人民的主人還是僕人？

**交換有可能創造也可能毀滅社會關係，
更是幸福或是不幸的源頭。
為了釐清狀況，我們必須先問，
人為什麼有交換行為？是為了占他人便宜？
還是為了滿足自身的利益？或是為了互助？**

## 從定義尋找問題意識

### 定義

> **交換是給予物品或是提供服務，或是向某人說話，讓
> 對方接收訊息，並等待對方回應。**

### 給予物品或是提供服務，或是向某人說話

　　交換向來都是「及物的」，我們與某人交換某物。交換物品與服
務成了經濟系統的特性，但我們也交換話語與符號。

### 對方接收

　　要能完全被對方接受。我們常常忽略了交換的第二個面向：接收
面。懂得接受禮物和給予同樣重要，這讓我們能夠回饋。

### 等待對方的回應

　　交換牽涉到相互性，收受方必須要回應。例如：說話的人要回應
或反駁；經濟主體要獲得一個東西，需要以一個物品來交換另一個物
品（以物易物），或是以金錢作為交換（在商品社會中）。反饋的東西
至少要與給予的東西等價。

> 「人們已經不會『給予』。
> 交換原則中的一切都受
> 到扭曲，荒誕到不可置信
> 的地步；結果是孩子們甚
> 至懷疑地看著贈禮者，似
> 乎這是在向他們兜售牙
> 刷或肥皂等廣告商品。」
>
> ──阿多諾（Adorno）

## 定義提出什麼問題？

　　交換是互相的行為，是「有來有往」的動作。但我們要問的是關
於「禮物」的問題，因為這似乎也是一種交換。給予而不求回報是可
能的嗎？利益與互助似乎共享了交換的邏輯。▶ Q1：為何要交換？

　　交換與暴力的邏輯是對立的：要進入交換，必須放棄侵略與掠
奪行為。交換的中斷可能帶來戰爭。但當交換本身不平衡時，有時也
會引發許多對立。在這樣的情況下，交換的調解功能就會出現問題。
▶ Q2：交換有助於和平嗎？

# 問題思考

———————————

C O U R S

# Q1:為何要交換？

人類為何進行交換，難道只是為了滿足實用與物質的目的？一個社會無法簡化為純粹的經濟結合，不能只把相互滿足的經濟需求當作存在的理由。個體與個體、社會與社會交換，彼此交織出來的關係會比純粹的利益結合更深厚。當我們思考交換，我們知道不能只將交換簡化為經濟面向。

## 1. 人類交換財物與服務以滿足他們的需求

促使人們交換財物與服務的首要動機，似乎是人們有必要滿足彼此的需求。例如：若不進口石油，我們無法滿足對能源的需求。相互利益說明了，在還無法確知我們提供的服務能夠獲得回報之前，為什麼要與他人進行交換。對休謨（David Hume）、斯密（Adam Smith）以及許多經濟學家而言，正是人們對彼此的需求與利益的相互性，促使個體與族群進行相互交換（▶見文本閱讀1-1，55頁）。

交換甚至可能只是受到「雙贏」的邏輯所鼓勵，如同在商業交易中，我們只有收到錢才讓出某項物品，而我們之所以會給予，是因為我們看到了對方拿出來交換的東西所帶來的利益。

## 2. 人類交換是為了建立社會關係

社會不是永遠都遵循這種經濟計算的邏輯。部落氏族間的交換，並不會由於簡化為經濟交換，而侷限於財物、服務與商品交換。部落氏族或是不同部落會互相交換盛宴與節慶，以締求結盟。例如：在印第安人交換禮物的宗教節日，印第安部落酋長會給有競爭關係的部落酋長豐厚的禮物，但這些禮物不是拿來享用的，反而常遭銷毀（▶見文本閱讀1-2，56頁）。關鍵不在於物質財富，而在於社會威望。族長收到禮物形同被迫（強制）回贈，而且送出的東西至少不能少於收到的東西，如此才能維持自身地位。牟斯（Marcel Mauss）談到這個總體的社會事實的問題，是為了指出交換不應該只化約為單純的經濟交換。

這種禮物經濟一直存在我們今天的社會裡，只不過商品交換仍是主要的支配力量。例如：人們必須回覆邀約，如同見面要互道「你好」。早在交換商品之前，我們就在交換禮儀、語言和知識了。

## 3. 交換回應著一種互助共融的情感

牟斯的思想對整個社會科學思潮產生了影響。理性計算無法解釋某些經濟交換。對當代法國社會學家蓋耶（Alain Caillé）而言，交換真正的關鍵是人的存在以及他之所是，而不是人擁有什麼（▶見文本閱讀1-3，56頁），利益當然也不是他們主要的動力。組織一個社會是圍繞

關鍵字區分

義務（obligation）/強制（contrainte）

強制是從外對自我意志自由的限制，使我沒有選擇機會。例如：發高燒迫使我必須待在床上。義務讓人覺得也像是對自我意志的限制。但意志是自由地屈從於這個限制，這也是義務之所以具備了道德價值的特性。例如：當我們承諾某事，守信是義務。對牟斯來說，強制與義務之間的對立是抽象的：當某個人收到一份禮物之後回贈，他以為自己是自由地回贈，但事實上，他是服從社會習俗所認為合宜的行為準則。

著所有人的存在，而不是財富的累積，社會必須建立在給予的力量之上，而不是利益總和。交換也發展出互助的能力，因為交換在某方面是建立在免費的財物與服務交換之上。例如：若交換只是滿足彼此的利益，那麼就不會有待客之道、傾聽朋友心聲、教養孩子這類事情。由此看來，社會建立在這種型態的交換之上。而這裡我們才探觸到交換邏輯的界線，在此，無私的贈予超越了有來有往雙贏的利益考量。

# Q2: 交換有助於和平嗎？

**無論是從言語、商業或政治的角度來看，交換似乎都涉及人們停止敵對，並彼此傾聽與相互理解。但交換不也是局勢緊張、對立和衝突的根源嗎？**

### 1. 對話取代相互攻擊

人類不僅交換物品與服務，也交換符號、字句與想法。如同哲學家呂格爾（Paul Ricœur）所說，話語與討論將人們帶入溝通式的交換之中，這種交換的本質讓暴力無機可趁，並促使理性發生（▶見文本閱讀2-1，57頁）。例如：社群間與不同信仰的對話，力求緩和他們之間的緊張關係；重啟談判可結束一場戰爭或罷工。但或許不應該高估對話的調解價值，因為對話往往取決於溝通雙方力量大小的關係。此外，在語言上，我們都是不對等的。如果語言能夠讓人相互同意，那麼，語言也說明了社會中人與人的區別：語言團結彼此，同時也區分了彼此。

### 2. 商業交易是和平的根本，但也會造成不幸

交換讓和平取代了戰爭，並推進了文明與人民福祉。例如：1945年後法德結盟，結束了兩國將近一世紀的衝突。這份信念是在18世紀成形的自由哲學的核心，也確立了商業的價值：孟德斯鳩（Montesquieu）認為商業交換帶來和平（▶見文本閱讀2-2，58頁）。經濟比政權來得好，能夠造就人類文明。當人作為一個「經濟人」，會尋求自身的利益而非榮耀，讓人變得較理性：當每個人都尋求自身利益，關係就會變得和諧，可以克服國家戰鬥的盛焰。然而，孟德斯鳩也知道，商業不是對每個國家都有好處，它也可能會使那些出口商品少於進口商品的國家變得貧窮。今天情況依舊如此。例如：從2008年開始，歐元區不同國家間經濟力量與商業交易的不平衡，加速了南歐民族的經濟危機。沒有受到調節的商業交易造成某些不公平，也會是衝突的來源。

### 3. 交換根植於社會秩序的基礎：社會契約

　　貧窮社會與富有國家之間的商業交換會是失衡的，而且這種失衡的交換變得越來越具主宰性。但這也會發生在社會內部。交換不只是商業的。社會契約成為思考政治社會基礎的模式。根據社會契約理論，政治社會在法理上應該建立在某種交換上：個體放棄自己天生的自由，因而換得對他們財產與人身的保障。當交換是公平的，契約才是公平的，而且付出的代價（對自由的限制）與獲得的益處（安全、權利、享有權益與擁有財產，以及文明的社會福利等），在社會所有成員之間都獲得公平分配。根據這樣的模式，真正的社會契約是要建立一個讓人們享有自由與平等的民主社會。但是，事實上，當社會存在著極度不平等，交換就是假的。因此，在穩定和平的社會中，只有擁有資產者才有利可圖。盧梭（Jean-Jacques Rousseau）告訴我們，就是這些人，有意讓大家服從以保護他們為目的的法律（▶見文本閱讀2-3，頁59）。當所有人都交出他們的自由，卻只換來對某些人有利的保證：在這樣的交換中，窮苦人失去他們的自由，而有錢人則獲取能夠自由的權利。這種無形的社會契約往往根植於社會的基礎之中。因此，支配社會的這種和平是一種不正義的和平，而令人擔憂的是，社會秩序會因而受到質疑並引發暴力。

關鍵字區分

事實上（en fait）/ 法理上（en droit）

「事實上」表示那些實際上是什麼，與「法理上」那些應該是什麼的，互相對立。例如：所有人都應該有權利過有尊嚴的生活（這是人權）；但事實上，有成千上萬的人活在極度貧窮之中。

# Q1: 為何要交換？

時代不同，對交換的設想與實踐方式也相當多元。在古代社會，交換首先是社會關係的創造者。但反過來，在商業與資本主義社會中，成員因為利益而進行交換。

*相互的利益是人與人之間交換的唯一動力*

**文本閱讀 1-1**

休謨

大衛·休謨 David Hume
1711-1776

休謨認為，個體之所以會交換財物或服務，純粹是因為自私的利益考量，而不是出於互助或公共利益。

今天，你的麥子成熟了，我的麥子明天才會成熟。今天我幫助你，明天你才會幫助我，這是我們共同的利益。這並非基於我對你的好意，而我也知道你並不是對我好，因此我不會勞煩你，我知道跟你一起努力是為我自己好，是期待日後得到的回報。我知道若是期待你的感激，是徒然的，而且會失望。但如果我讓你獨自工作，你就會以同樣的方式對待我。隨著時間過去，我們因為缺乏互信與相互的承諾而失去了收成，雙方都會是輸家。這一切都是理所當然的結果，而且是內在於人類固有的本性與情感，如同這些情感與原則是不可改變的，我們可以想到的是，我們根據這些原則與情感而做的行為，也是難以改變的。那些道德家或是政治家想在我們身上施展細膩的影響，或是他們因為關心公共利益而試圖改變我們的行為習性，都是無效的。他們能否達成目的，如果是取決於是否成功改正人類的自私及忘恩負義，他們將一無所獲。[…] 他們能試圖努力的，只是提供自然情感一個新的方向，並教導我們，以間接或人為做作的方式，會比透過直接的自然衝動更能夠滿足我們欲念。因此，我才學會為他人服務，雖然我對他沒有真正的情感，但我可以預料到，他也會為了要得到 [我的] 另一次同樣的服務、為了要維持他和我或和其他人的互助關係，而 [為我] 服務。因此，一旦我對他服務，他也從我的行動中獲得好處，他就會履行他的部分，因為他預見了拒絕我之後的後果。

休謨，《人性論》，第三卷，第二部，第五節，1739。Flammarion出版社，「GF」系列。

定義

熱情是理性無法表達，或很難掌控的情感或欲望。例如：利己主義是一種非理性、優先考慮自己的傾向。

Q：你認為信任他人是有道理的嗎？請證成你所回答的理由。

Q：根據休謨的看法，我們是依據人身上的哪種熱情，才會去接受交換？

Q：說明每個人若追求自私的利益，會如何對整個社會的利益造成影響？

**文本閱讀1-2**

牟斯

馬塞爾·牟斯 Marcel Mauss
1872-1950

**交換作為總體供應體系**

　　法國社會學家牟斯指出，在所謂原始的社會中，交換所扮演的根本性角色是確保社會的凝聚。

　　從早於我們時代的經濟與法律中，可觀察到人與人之間從來不是單純地在市場上交換財物、財富與商品。首先，這不是個體，而是集體彼此約束、互相交換與互訂契約。出現在契約上的人是法人，也就是氏族、部落或家庭，其爭執和對立，可能是以團體的形式針對同一塊土地而起的衝突，也可能會由他們的領袖來調停，或兩者都有 [ 有衝突也有調停 ]。其次，他們交換的不只是物資、財富、動產與不動產等對經濟有用的物品。他們想交換的首先是禮節、盛宴、儀式、軍事、婦女、孩童、舞蹈、節慶、市集，而上述的一切交換中，市場只是短暫的一環，在這更廣泛、更長久的契約中，財富流通不過是其中一項。最後，這些餽贈、禮品的提供與回饋，比較是自願的，儘管嚴格來說這根本上是一種義務，否則就會引起私下或公開的宣戰。我們認為可以將這一切稱作總體供應體系，而其中最純粹的代表類型，是澳洲或北美部落兩大宗族的結盟。在那裡，儀式、婚禮、財物繼承、權利與利益之間的關係、軍事與宗教[1]位階，這所有一切都是互補的，並需要兩大氏族分支的合作。

牟斯，《禮物：古代社會交換的形式與理由》，2012。

**定義**

一個大宗族是指在一個社會中由許多氏族集結而成的群體。

[1] 祭祀者的不同等級。

　　Q：在我們社會中，有什麼是符合交換的基本功能，但跳脫了嚴格的實用邏輯？

　　Q：牟斯看出非商業的交換行為，同時是「自願的」，也是「義務的」。你如何理解這個矛盾？

　　Q：牟斯不斷提到交換如同一種對抗較勁（像運動賽事），也如同一種合作。交換究竟是造成對抗還是合作？

**文本閱讀1-3**

蓋耶

亞藍·蓋耶 Alain Caillé
1944~

**交換，是為了擁有對象還是成為主體？**

　　人類的兩個如下概念都涉及交換：有人尋求擁有，也有人尋求自身的存在。對前者來說，交換創造財富；對後者來說，交換創造關係。

　　在哲學史與社會科學（當然也包括經濟）史領域中，我們簡化了人類相對立的兩個主要概念。最廣泛的概念簡單來說就是「效益主

義」（功利主義），以「擁有」來論理，將人視作為了需求而存在。人的需求可能或多或少會有物質性，有點庸俗，要求也可能有些過多。他或許要吃飯、穿衣、居住、用錢，展現權力、威望與性慾等需求。無論這些層次之間有什麼差異，在效益主義的理性思考下，他們都會以需求的語調來思考（以「實用性」或「優先性」，如經濟學家所說的）。若以此推論，必須自問需要多少的財富（或服務）才能夠滿足這些需求 […]。這個概念絕對不全然是錯的（我們的確有一些需求要被滿足），卻不一定是最根本的。

最根本的部分，似乎以另一種方式呈現，這方式透過人的存在來論理，將人視為不能只被物（或以物的模式來理解的服務）所滿足的載體，不是透過他所消費的物品，而是透過與其他主體的關係來定義自身的主體，是一個建立於「交互主體性」的主體。

蓋耶，《解構經濟：抵抗宿命論》，La Découverte，2005，43-44 頁。

**定義**

效益主義是一種哲學理論，原則上認為每個人都追求對自己好的事物。至於何謂「好」，則是根據實用性、利益或需求的滿足來定義。

**定義**

交互主體性表示兩個主體之間的關係。作者認為，個體本質上不是孤立的，而是在關係中的存在。

Q：能夠把滿足需求的財物或服務量化，以作為衡量幸福的標準嗎？

**從文本到論證**

閱讀並思考這三篇文本之後，試著對拉羅什福柯（La Rochefoucauld）下述的觀點，提出正反論述：「多數人喜愛正義，是因為他們害怕遭受不正義。」

——《道德箴言錄》（Sentences et maximes de morale）。

## Q2: 交換有助於和平嗎？

**乍看之下，交換可以取代暴力：掠奪由商業取代，討論代替了拳頭。但交換本身難道沒有暴力嗎？尤其是出現不公平的交換時？**

*以討論對抗暴力*

**文本閱讀 2-1**

呂格爾

保羅・呂格爾 Paul Ricœur
1913-2005

對於呂格爾而言，話語的存在具有消除暴力或至少減少暴力的根本意義。事實上，話語導入了理性，而讓暴力變成一種問題。

因為使得暴力變成一個問題的整體的，不是暴力的各種表現方式，才被視為是根本的；暴力帝國之所以變成一個整體，是因為面對著語言。對於一個說話的人在說話時，探求著意義，對於一個已經走入對話中的人，也懂得所謂的理性，暴力 [的存在] 就會造成困擾，

1｜意指暴力與語言成為對照詞組，兩個
語詞相互對立的意思。
2｜呂格爾指出，在「狼與羊」的寓言
中，狼回答羊的問題開啟了與羊的
對話。羊將狼引入對談的領域中，
使自己脫離暴力的掌控。

變成一個問題。因此，暴力在它的他者[1]，也就是語言之中，是有意
義的，反之亦然。話語、討論與理性也從語言萃取出成為一個整體，
變成一種降低暴力的行動。當暴力說話，就已經表示暴力在尋求正當
理由。這是暴力將自身放在理性的軌道上，並開始否認自己身為暴力
的正當性[2]。

呂格爾，《論暴力：天主教知識份子週》，1967，Desclée de Brouwer，87頁。

Q：話語的什麼的特性可以說明它具有調解的功能？
Q：論理的人是否就一直追求「有道理」？

**文本閱讀 2-2**

孟德斯鳩

孟德斯鳩 Montesquieu
1689-1755

### 商業交易為人們帶來和平

商業交易可以為國與國之間的關係帶來和平的效果，然而，對
個人與個人之間的關係卻起不了什麼作用：他們忘記了慷慨與好客
的意義，只知道如何對彼此有利。

論商業交易的精神
商業交易的自然效果是帶來和平。假使一方有意買，另一方有意
賣，那麼兩國若共同協調就必然會互相依存。所有的結盟關係都是建
立在相互需要上。

但就算商業交易的精神可以連結各國，卻無法連結個人。我們看
到，在商業交易精神濃厚的國家[1]中，人類的任何行為，包括道德品
行，都可交易。甚至連人道精神所要求的最微小的事物，都可以拿來
換取金錢。

商業交易的精神在人的身上成了某種正確的公正觀念，一方面與
強盜掠奪對立，另一方面也與某些道德觀念扞格。後者認為人不應該
一直斤斤計較自身的利益，並可以為了他人的利益而忽略自身利益。

完全缺乏商業交易反而會帶來掠奪，亞里斯多德便認為後者是獲
取事物的方式之一。「掠奪」精神未必違背某些道德品行，例如在商
業發達的國家中，好客精神並不多見，但是靠打劫維生的民族卻十分
熱情好客。

1｜指的是荷蘭。

孟德斯鳩，《論法的精神》。第二十章，第二節，1748。

Q：為什麼商業交易可「連結國家」，卻無法用同樣的方式連結個人？
Q：對你而言，在商業發達的國家裡，好客為何是一種少見的道德？
　　請提出論證。

**文本閱讀 2-3**

盧梭

讓·雅克·盧梭
Jean-Jacques Rousseau
1712-1778

從 17 世紀開始，哲學家與法學家認為一個合法的社會必須建立在交換之上，也就是社會契約。共和政體的理論奠基者盧梭，在提出真正社會契約的基礎之前，揭露了將不平等合理化的假契約。

假使所有人都武裝起來彼此對抗，將使人所擁有以及所需要都付出難以承受的代價，無論貧富，都將不得安寧。在富人向他的鄰人揭示這種可怕局面之後，富人為了達到目的，很容易編造出似是而非[1]的理由，讓窮人接受其主張。富人向窮人說：「團結起來吧！保障弱者不受壓迫，約束有野心的人，並確保每個人都有屬於自己的東西。讓我們建立起公正與和平的制度，人人都必須遵守，不偏袒[2]任何人，使得強者與弱者都背負相同義務，某種程度上，彌補天生命運的不公平。總之，與其將時間花在內部相互作對，讓我們集結力量成為一種至高的權力，根據明智的法律來治理，保護且捍衛這個組織中的成員，擊退共同敵人，使我們活在永久和睦之中。」[…]

這就是，或應該是社會與法律的起源，它們給了窮人新的枷鎖，賦予有錢人新的力量，永遠消滅了天生的自由，永遠確立了保障私有財產與不平等的法律，將巧取侵占變成不可取消的權利，並且為了少數野心家的利益，讓人自此屈服於工作、苦役與貧困。

盧梭，《論人類不平等的起源與基礎》，1755，「GF」系列，Flammarion。

EN CHINE
Le gâteau des Rois et... des Empereurs

｜西方列強代表瓜分中國（英國維多利亞女王、德國皇帝威廉二世、俄國沙皇尼古拉二世、法國瑪莉安與日本明治天皇）。《小報》（*Le Petit Journal*），1898。

1｜虛假的理由。

2｜對某人沒有偏好：法律對所有人一視同仁。

## 理解命題的論據

**命題**：以法律的公平正義來保護不義的社會，是建立在虛假的社會契約上。在根基完善的社會中，每個人在法律之下的擁有與失去都是相等的，因此，社會不平等應該會變少。

**論據一**：盧梭提到因財富加深成員之間不平等的社會。
由於富人仍可能受到強盜以及反抗者的侵襲，他們會主動創造出合法的秩序，藉由司法規範來處罰傷害財物或人的行為者。法律創造權力，所有人都屈服於其下。▶ Q：只要所有人都服從相同的法律，正義就得以伸張嗎？

**論據二**：盧梭揭露法律的虛假：法律要求所有人犧牲天生的自由，卻只能換得表面上的平等。此外，法律所換來的安全，實際上也只為有資產的人帶來好處。對盧梭而言，這樣的社會契約只是卸下窮人的武裝，讓他們失去權利，無法捍衛自己被竊取的財產，並被迫為他人工作。

**確實理解了嗎？** 法律能保證永久公平正義嗎？

### 定義

天生的自由表示是每個人在沒有社會束縛下都能享有的。它相對於民法的自由，後者是人類活在社會中，公平法律權威下——或相對於當他們活在不公正法律威權暴政下——的「自由」。個體在與社會訂約交換中，交出他們天生的自由，而換取公民身分。

# 進階問題思考

## PASSERELLE

## Q3: 金錢可以促成公平的交換嗎？

▶ 見第一冊的〈社會〉
▶ 見第四冊的〈工作與技術〉

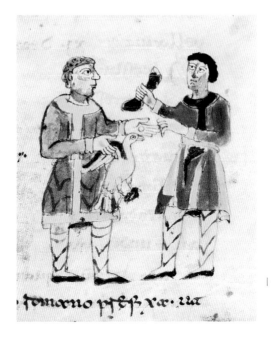

|《賣鵝的人》，出自拉巴努斯．毛魯斯(Rabanus Maurus)的《論宇宙》百科全書，1023年。目前收藏於義大利卡西諾山修道院。

### 1. 貨幣：價值度量單位

從古到今，貨幣的形式變化萬千（從貝殼到信用卡）。貨幣就是我們常說的「錢」，是經濟交換無可避免的方式，在交換商品時，常被拿來衡量當中的價值關係，並使性質不同的物品具有共同的衡量標準（▶見文本閱讀3-1，61頁）。但某些人很快就了解到，貨幣本身就值得積蓄追捧，而不把貨幣當作交換的媒介。

### 2. 貨幣：合法累積的物品

美洲大發現之後，殖民經濟強化了人員與物品的流通。貨幣成為商業社會的根本機制，價值也遠超過用於交換的效用。洛克（John Locke）的文本（▶見文本閱讀3-2，61頁）清楚指出對於囤積（聚積金錢並存起來）觀念認知的改變：傳統上人們不斷追求更多財富會遭到譴責，如今反而變得合理。

### 3. 貨幣交換：獲利來源

馬克思（Karl Marx）強調，商業社會由於某種內在動力，會進化成完全資本社會。在資本主義社會中，貨幣不再是兩物交換的媒介，情況反而變成：一件商品的生產與販售是增加最初投資價值的方式，從而產生剩餘價值。剩餘價值是來自於對勞工的剝削，因為工作沒有獲得同等價值的報酬（▶見文本閱讀3-3，62頁）：工人用勞動力來交換薪資，儘管合約簽定是自由的選擇，仍是不對等的交換。

## 貨幣有利交換與社會和諧

**文本閱讀3-1**

亞里斯多德

亞里斯多德 Aristote
公元前384-322

對亞里斯多德來說，「商業交易促進公民間的凝聚力」。貨幣給商品同等的價值，促進社會內聚力。但貨幣必須維持在交換媒介的功能，而不應把無限制的收購當作目的。

社會群體不存在於兩個醫師之間，而存在於一個醫師與一個農夫之間。一般來說，社會群體存在於兩個不同與不對等的人之間，而這兩者必須以對等方式受到對待。這就是為什麼所有的交易物品必須具有某種共同的衡量尺度[1]。為此人們發明了貨幣，貨幣成為一種媒介，因為它可衡量一切，衡量是過多或是過少。舉例來說，一棟房子可以等同於多少雙鞋。[⋯] 因此，貨幣藉著扮演度量的角色，使得事物受到對等的對待，因為若沒有交易就沒有共同體，沒有公平就沒有交易，沒有共同衡量的尺度就沒有公平。

亞里斯多德，《尼各馬可倫理學》，第五卷，第五章，J. Tricot譯本, Vrin，1979，241-244頁。

1｜事物可被衡量，表示它遵照共同的測量標準。

Q：相較於以物易物，貨幣帶來什麼額外的便利？

Q：貨幣的哪些特性可以說明人們為什麼想扭曲對貨幣的使用，不是把貨幣當作互相且公平交換的工具，最後導致取得貨幣本身就成了目的？

**文本閱讀3-2**

洛克

約翰·洛克 John Locke
1632-1704

## 金錢財富不均等，沒有什麼不公平

洛克是政治與經濟自由主義的理論家，在這裡，他合理化了無盡累積金錢與財富不平等。

與食物、衣服、馬車和其他生活所需相比，金、銀對人類的用處不大，是由於人們同意，金、銀才有了價值。無論如何，人們工作大部分是為此目的。因此顯然地，也是基於這樣的同意，才允許了不符合比例且不公平的占有。當政府透過法律解決一切，人們提出並且認可一種公平擁有財產的方式，便沒有任何人可以因為某人擁有的東西超過其消費所需，而抱怨他錯了；也沒有人可以抱怨金銀會永遠掌握在某個人手中，即使它超過了那個人所需；或這些金銀可能壞掉或貶值。在相互且一致的同意下，一個人只要高興，都可透過金錢，擴大、擴充他的財產。

洛克，《政府論》（下卷）第五章—論財產，1960，D. Mazel譯本，
「GF」系列，Flammarion，1984，213頁。

Q：作者提出什麼論證來合理化「不符合比例且不公平的占有」的正當性？

Q：根據法律，「正當」的意思是指，當法規允許「人們正當擁有[…]超過其基本所需」。從道德角度來看，累積財富是否也是正當的？

**文本閱讀 3-3**

馬克思

卡爾‧馬克思 Karl Marx
1818-1883

### 在薪資交換制度下，勞工受到剝削

對馬克思來說，累積金錢並非不會損害任何人。小錢累積會成為資本。但過程為何？從受薪勞動者中剝取剩餘價值。資本的累積來自於對工人勞動的剝削。

勞動力的日價值是 3 先令，因為需要半天時間來生產這勞動力，這勞動力化為半天的工作。也就是維持工人每日的生活所需，等同半個工作天的勞動。但是，包含在勞動力中的過去勞動和勞動力現在所能提供的實際勞動，勞動力一天的維持費和勞動力一天的耗費，是兩個完全不同的事。前者決定它的交換價值，後者構成使用價值。維持一位工人 24 小時的生活所需只需半個工作天，這不表示他不能工作一整天。勞動力所擁有的價值與勞動力在勞動過程中的價值增殖，是兩個不同的量。資本家在購買勞動力時，看重的就是這種價值的差異。

馬克思，《資本論》，第一卷，1867。M. Rubel 譯本，<br>「la Pléade」系列，©Gallimard，1965，744-746頁。

Q：這個商品包含工人勞動力的何種特性，使得資本家得以產生剩餘價值？

Q：為什麼工作上的剝削是隱性的？

**從文本到論證**
讀完上述文本，請以「不公平是否會威脅社會的凝聚？」為題，組織出詳細的論點架構：

## Q4: 人類可以活在沒有交換的社會嗎？

### 交換是人類社會的基礎

使人成為文化動物的基本規則是禁止亂倫，這會促使個體在團體之外找到伴侶，或與外族通婚（▶見文本閱讀4-1，63頁）。

人類的群體交換財物，而交換的規律使得物品為了被交換而被製造：從這刻起，它們的交換價值，便無關乎它們的使用價值（▶見文本閱讀4-2，63頁）。

## 論婚姻如同交換

**文本閱讀4-1**

李維史陀

克勞德・李維史陀
Claude Lévy-Strauss
1908-2009

### 在人類社會中，聯姻遵循著交換的法則。

在青春期時，納加族[1]的男孩開始追求外面氏族的女孩，並和女孩互換小禮物，這些禮物的價值與性質都受傳統習俗的嚴格規定。這些禮物如此重要，男孩在追求女孩時，為討她的歡心，提出第一個問題：「妳願意接受我的禮物嗎？」回答可能是：「我願意接受」或「我已經接受其他人的禮物了」「我不想和你進行交換」。這些文句甚至已經由傳統規範固定下來。這類禮物交換開啟了一系列互相的供應，導向婚姻關係，或甚至，構成一些行為運作的開端：農忙工作、聚餐、利益好處等。

在巴西西部的放牧小族群印第安人南比夸拉族（Nambikwar）中，族群與族群互相畏懼，並盡量避免接觸；但同時，他們又想要接觸，因為這是進行交換與因而獲得所需產品與商品的唯一方式。在敵對關係與相互供應關係之中，存在著一種關聯、一種延續性：交換是戰爭的和平解決，戰爭來自於失敗的交易。

李維史陀，《親屬的基本結構》，1947，Mouton，1973，78頁。

[1] Konyak Naga，緬甸的族群。

Q：贈與婚戒，是否遵循另一套有別於上述文本所描述的邏輯？

## 使用價值與交換價值

**文本閱讀4-2**

馬克思

卡爾・馬克思 Karl Marx
1818-1883

### 交換產生於社群的邊界。

商品交換始於共同體的邊界，在共同體與其他共同體或其成員接觸的地方開始。某些東西一旦對外成為商品，就會反過來成為共同體內部生活的商品。[…]同時，對他人物品的需求漸漸固定下來。交換不斷重複，成為有規則的社會過程。因此，在日積月累下，至少有一部分勞動產品必定是有意為了交換而生產的。從此刻開始，物品需求用途與交換價值用途就產生了清楚的區隔，也就是使用價值與交換價值的區分。

馬克思，《資本論》，第一卷，1867，「la Pléiade」系列，©Gallimard，623-624頁。

Q：為什麼對外交易會改變社會的內在？

# 延伸思考

## 人文科學

### 個體在社會科學中的地位為何？

**文本閱讀**

斯密

亞當・斯密 Adam Smith
1723-1790

*自私自利是交換的動力*

斯密是個人主義的奠基者之一。對他來說，個體追求自身的利益而產生交換：每個人自私行事，但也對可能的最大共同利益做出貢獻，這得歸功於著名的「市場上看不見的手」。

我們從未見過一隻狗會自願與另一隻狗交換骨頭，我們也沒見過動物用自己的聲音或動作試圖讓另一隻動物了解：「這是我的，那是你的。我拿這個東西跟你交換。」一隻動物若想要獲得另一隻動物或人類的東西，除了取悅對方，別無他法。小動物會向母親撒嬌，當狗兒跟主人一同享用晚餐，牠會窮盡一切方法吸引主人注意來換取食物。有時候，人也會對周遭的人們做出同樣的行為，而當他沒有其他方式獲得所想要的事物，他會試著透過逢迎或奴顏卑膝的姿態，獲取對方的恩典，儘管不是每次都有機會這樣做。在文明社會中，人都有需要他人協助的時刻，並與無數人合作，然而他一生或許只能與少數幾人結下友誼。在幾乎所有動物界中，每個個體在成年後都是獨立的，在自然狀態下，牠不需要其他動物的幫助。但人類幾乎總是需要其他同胞的協助，不過單憑其他人的善意是行不通的。若是訴諸他人自利的心態來說服他人，自己提出的要求對他們也有益處，成功的機率便會較高。每個想與他人進行交易的人都是如此，他的提議就是：「將我所需要的給我，你也能獲得你想要的。」我們所需要的大多數善意互助，正是用這種方式取得。我們不是因為屠夫、釀酒者或麵包師傅的善心而獲得晚餐。他們也只是為了獲取自身利益。我們不是祈求他們的仁慈，而是訴諸他們的自私。我們從來不對他們談論我們的需要，只談論對他們的好處。只有乞丐才會依賴別人的仁慈來過活，但他也不是全然仰賴他人的仁心善行。

斯密，《國富論》，1776。

*Sans nous y crev'raient tous* A.D.

麵包師與豬肉商。「沒有我們，大家都得餓死！」19世紀版畫。

## 個體與交換

社會科學大辯論的關鍵在於整體理論（源自希臘文holos，表示「全體」）與個體理論的對立。整體論認為，社會先於個體，而個體之間的所有互動成就了新的社會現況，獨立於個體之外。個體論卻表示，社會來自於個體與他們的決定。

### 哲學練習——人類：個體或社會動物？

1. 人類是本性自私，還是因為私有財產制而變得自私？
2. 在經濟交換中，互助是否變得完全不重要？

## 哲學時事

### 訪談：關於代理孕母

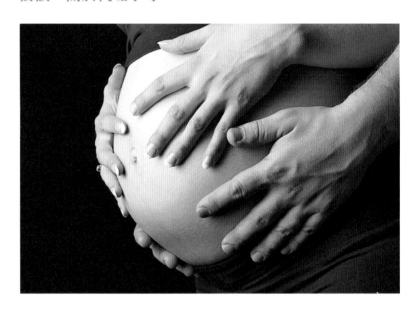

　　法國在2009年時，重新檢視了2004年所訂立的生物倫理法，而提出了如下問題：法律是否該准許「為他人懷孕」，也就是是否該允許代理孕母制？記者儒安農（Frédéric Joignot）舉行了一場辯論，邀請兩位持不同意見的哲學家，一位是反對將身體工具化的雪維安‧艾嘉辛斯基（Sylviane Agcinski，以下簡稱「艾」），她在論文《破碎的身體》中表達她反對的意見，另一位是胡文‧歐吉安（Ruwen Ogien，以下簡稱「歐」），支持個人自由，在《生-死-國家》一書中，反對國家干預那些願意成為代理孕母者的私生活。

### 為什麼需要「生物倫理法」？

歐：[…] 如同對待不同的宗教觀點，在民主、世俗化且多元的國家中，也必須對不同的倫理觀點保持中立，也就是說，不從整個爭議的道德學說中，取得強制介入理由[…]。

艾：就我了解，國家的宗教中立並不包括道德或哲學中立。實證法，又稱法律，必須建立在正義或不正義的概念上。也就是以人、人性、人的自然權利這些概念之名，人權宣言才被寫就。這裡指的是將法律置於國家專斷權力之上，並保護國民自由不受他人與任何權力的侵害。法律一方面要保障基本自由，同時又要讓這些自由能夠相容。法律只有在保護[自由]時，才可禁止[自由]。況且，從20世紀發生的各種野蠻行為之後，尊嚴這個概念開始在法律與憲法辭彙上扮演重

要的角色，因為國家發現，必須要明確譴責那些令人類蒙受羞恥的對待。但 […] 最令人感到憂心的是，在我們的時代，對人類身體——生物性的存在實體——的需求，是透過生物醫療技術，尤其是生殖技術所產生的需求。身體成為真實的貪婪所覬覦的對象，覬覦者首先是這個市場的受益者(仲介、機構、診所、不擇手段唯利是圖的醫生等)，接著是那些因科技供應而數量倍增的人(想要小孩的人)。我認為法律應該要保護經濟弱勢者的身體，以對抗這種貪婪的覬覦。民主體制若不用法律來限制權力，是可怕的。面對生物醫療技術，國家不應該放棄自身的責任。

歐：我絕對不是鼓吹政府不要介入生物醫療，我只是想問，國家是否有資格決定何謂最好的生育和養育方式，並用威脅與強迫來規定所有人。又或，國家的任務難道不是在這些議題上保護每個人的想法嗎？[…] 我認為國家不應該以強迫的方式規定某種特定的道德觀念。正如國家保護宗教多元性，國家也必須用各種可能的方式保護且捍衛道德多元主義。也就是說，只要不對他人造成傷害，每個人都可以按照他深信的道德信念生活。有種標準可以決定刑罰系統是否是自由的。當一個系統越自由，「沒有受害者的犯罪」就越少，也就是說造成傷害的對象，只有對自己、合意的雙方成人，或是只損害抽象或象徵性的事物，諸如神、天使或國家國旗等。[…] 今天，代理孕母絕對可以歸納入「沒有受害者的犯罪」的範疇。[…]

## 每個人應該能夠為自己做選擇嗎？

艾：[…] 談到相互同意，不能只是將相互同意視為權利而已。很顯然，若是涉及維生，那些有需要的人已經準備好接受許多事情：同意放棄肢體或道德的完整性。若沒有任何東西阻止，他們甚至會同意出賣器官。

歐：用這樣的藉口，國家支配個人的許多情況都會獲得合理化(合法化)。這是否表示，應該取消將相互同意當作人與人關係的正當標準？[…] 以一個人不夠自由、不了解情況、不夠理性為藉口，就不考慮他的看法，這樣的態度在民主社會中，是應該拿來嚴肅檢討的。誰有資格決定這個或那個人夠不夠格，夠不夠了解、夠不夠理性？[…] 我們是否能在決定的過程中排除關係人，而不損害到他本身？難道這樣不會回到以父權、優越、羞辱的方式來對待這個人？[…]

## 是誰在損害人的尊嚴？

艾：[…] 使用某人的器官來製造另一個人的嬰兒，並生下來，本質上是無法令人接受的，因為這等於把人類當作一台機器，或一隻飼養的動物。在一群羊群中，母羊生下小羊是為了符合飼養者的利益。人們因為女性得到酬勞，就把她們當作生育的母羊。只要一個地方存在這樣的作法，這個地方就是市場，而絕不會是一種無償贈與。

歐：但懷孕的母親不全然都是活得很悲慘，她們並非沒有任何選擇的 […] 而且，將她們視為沒有太多選擇、悲慘的人，如同那些缺乏自由意志的受害者，難道就不是在傷害她們的尊嚴嗎？此外，我不相信報酬一事就足以摧毀代理孕母這行為的利他特性（儘管報酬一定會有）。醫生的報酬很高，但我們不會認為醫生執業的目的因此就絕對可被收買。其實，代理孕母會比職業運動員來得不名譽嗎？職業運動員受合約限制，在健康上冒著極大風險，又為了符合雇主期望，飲食、娛樂甚至性行為都受到控制。

艾：[…] 這並不是把懷孕、生產還有孩子放到買賣清單上的好理由。[…] 這裡我們談到問題的本質：生孩子與孩子本身是可以被交易且商業化的物品嗎？我們對這問題的答案，取決於我們怎麼看待人與文明的概念。一個女性是人，不能輕易將她的生理生命與她的生命、她的生命史分開。將她的身體變成他人的工具，是在抹殺她作為一個人的尊嚴。[…]

艾嘉辛斯基與歐吉安「代理孕母，社會的選擇」訪談錄，
儒安農摘要整理。《世界報》，2009年6月2日。

## 訪談：思考

1. 處理問題：「一個真正好的行動，是否考慮到對他人也是好的？」這些討論提供了兩種相反觀點。
   a. 艾嘉辛斯基堅持法律保護的特性。請指出她的論點為何。
   b. 歐吉安則捍衛人與人的關係，認為相互同意是公正的衡量標準。請指出他的論點，以及他是如何反駁艾嘉辛斯基的論點。

2. 處理問題：「我為什麼要尊重人？」請先定義何為「尊重人」。你可從這篇討論中看到兩種截然不同的論證在辯護何為「對人的尊重」。

　　a. 對艾嘉辛斯基來說，什麼是「對人的尊重」？指出文章中的論點並進一步舉例。

　　b. 以同樣的方式看待歐吉安的觀點，證明他所謂「對人的尊重」的標準與艾嘉辛斯基有所不同。

---

# 繪 畫

## 利息借貸應該受到譴責嗎？

昆汀・馬西斯（Quentin Metsys），《放高利貸者與其妻子》，1514。

| 《放高利貸者與其妻子》，昆汀・馬西斯（1465/1466生於魯汶，1530卒於安特衛普），1514，巴黎羅浮宮。

### 惡行與美德

　　昆汀・馬西斯是法蘭德斯的畫家，住在安特衛普（位於目前比利時）。這個城市很重視商業活動，有許多兌換商與放款人在此開業，畫家或許就是在這裡受到啟發，畫出本畫主題。畫作以完美的對稱呈現放款人與他的妻子。男人面前有一堆攤開的金幣、珍珠、珠寶。女人似乎對閱讀中的聖書漫不經心，我們可以看到書中聖母與聖嬰的圖像。

**一幅寓言式的畫作**

　　這幅畫呈現的是日常生活，但寫實的表現手法不應遮掩畫作的寓言式和道德性意涵。這裡，一切都有象徵性。例如珍珠是色情的象徵；借貸者用來秤錢幣的秤，指向最後審判的神聖天秤。至於放置在後方櫃子層架上的物品，熄滅的蠟燭提醒我們人非不死之軀，水果則令人想起原罪。畫家故意要揭露罪惡，例如貪財，並提醒生命短暫的特性，請求人們將時間花在尋求靈魂救贖與力行基督宗教的美德。

**基督宗教與高利貸**

　　基督教及天主教一直是阻擋資本主義興起的強大文化阻力。但宗教改革後，資本主義卻反而在喀爾文教派信眾的價值體系中蓬勃發展（這是馬克斯·韋伯在《新教倫理與資本主義精神》中著名的論點）。實際上，喀爾文是第一位為有息借貸提供教會道德保證的神學家，若我們對照聖經的許多片段，會發現這種行為長期以來都受到譴責，如《馬太福音》中一句經文：「不要為自己積攢財寶在地上 […] 只要積攢財寶在天上。」（新約·馬太福音6:19-20）然而喀爾文卻清楚分別「生產借貸」（為了進行某樣新活動獲取所需資本）與「援助借貸」（無償幫助身旁有需要的人）。因此，新教在一定程度上有助於資本主義發展：「對於有困難的弟兄，必須忘卻金錢的法則，以互助的義務為優先。」（米歇爾·強納，《自由與金錢：喀爾文主義與經濟》）

　　**哲學練習——借貸：道德與經濟之間**
　　1.資本主義合乎道德嗎？
　　2.為什麼有息借貸打破了贈與的邏輯？

練習1　概念區分

下列表中，請區分出牟斯所指的禮物邏輯，與有交換條件的交換概念。

a. 耶誕節禮物

b. 志願服務

c. 薪資

d. 新娘的嫁妝

e. 有息借貸

f. 提存準備制退休（La retraite par capitalization）

g. 隨收隨付制退休（La retraite par repartition）

h. 歐盟的預算

i. 取消某國的公債

### 練習1——哲學練習試答

- 屬於贈與的運作邏輯：a、b、d、g是全面的互助，h及i是分擔者願意付出比收回還多。

- 屬於交換的運作邏輯：c、e、f是參與者付出自己之後要收回的錢，h是當分擔者要收回其所付出的，如柴契爾於1979年11月30日在歐洲共同體高峰會上所說的：「我（英國）要拿回屬於我（英國）的錢！」

練習2　從日常生活的例子中形成問題意識

社會的互動模式對斯密（▶見64頁文本閱讀）來說，是指有財產的勞動者互相交換財物。然而一旦出現大量失業人口，人們無法交換他工作的成果或薪資時，怎麼辦？「個體－勞動者－善於盤算的雇主」的自由主義式邏輯，是否還能夠打造社會和諧？

練習3　論證練習　▶見第四冊的〈工作與技術〉

面對受薪階級社會的危機與結構性失業率升高，某些哲學家提出保障型維生收入（或普遍性收入）的概念，不需任何條件（如強迫找工作或執行某項任務）。因此，每個人都可以過著有尊嚴的生活，並履行公民權利。贈與與互助的邏輯應能夠取代有缺陷的薪資交換邏輯。

針對這段文字，你的看法為何？寫下這個訴求的論證，並在針對這個問題提出個人看法之前，先進行討論與批評。

練習4　理解文本 ▶見本冊的〈社會〉

我們的道德與生活中的很大一部分，同樣還有著贈與、義務與自由交錯的氛圍。幸好一切都還未完全被歸類成買賣。事物仍有所謂的價值，除了市場買賣價值外，還保有情感價值。我們並非只剩下商業的精神。[…]

我們社會保險的立法，這已經實現國家社會主義，有賴如下的原則：勞動者的生命與勞力一方面付出給群體，另一方面則給了雇主，若是勞動者應該加入互助保險，那麼從他付出的勞務中獲取利益的人，也不能僅是支付工資，其餘什麼都不管。國家作為社會共同體的代表，應該聯合雇主並援助勞工，在對抗失業、對抗疾病、對抗老化、對抗死亡上對勞工負責。

牟斯，《禮物》，「Quadrige」系列，PUF，2012，頁213-216。

a. 理解文本
- 當牟斯談到禮物、義務與自由混合在一起的氛圍時，他指的是什麼？
- 假如薪資是工作的報酬，符合商業交換，那麼社會保險是基於什麼邏輯而屬於禮物與互助的道德義務範疇？

b. 理解問題
在社會保障上，你較贊成哪一種做法：是個體自己付錢買保險（疾病、老化、失業），還是社會保險遵循社會互助與世代互助原則，由現有的勞動人口分攤繳交退休金。

練習解釋文本：**從這篇文本出發進行討論。**

### 練習4——哲學練習試答
a. 理解文本

牟斯的分析有助於我們跳脫經常面對的對立，包括自由行動與被迫行動的對立，以及有關與無關的對立。他認為餽贈並不是要回應利益的計算——意指經濟利益。然而，也不是完全無關：一個人之所以贈與，是因為那會增加他的威望與權力。同樣地，即便人們應該是自由決定是否要邀請他，或是回禮邀請他，但其實這是一種社會義務。他的分析跟整體論者以及個人主義論者明顯不同。

對牟斯而言，薪資對應著工作的商品價值；但相反的是，社會福利是一種社會服務，對應一種道德義務，也對應著老闆以及國家面對勞工的共同責任，而這些勞工也必須於其中貢獻自己應分攤的部分。

b. 理解問題的重點

對您而言，若法國社會安全制度優於其他模式（每個人給付自己的社會安全福利），是因為這種制度實踐了一種「健康的人與病人、有工作者與失業者、青年及成人與老人」的社會互助原則，在這些社群團體間創造互助，也因此形成社會凝聚力。勞動者為社會整體付出自己的時間、勞力與生命，為他人而不僅是為自己工作，勞動者法律上本應享有失業、生病、年老社會福利保障的回饋。這就是一種社會與互助經濟的良好範例。

練習5　進行研究

請去了解各種不同的社會經濟或互助經濟模式，也就是經濟學家所說的第三部門（有別於商業的私人部門與公部門）。交換在這種經濟模式中占有什麼地位？

練習6　俗語思考 ▶見第四冊的〈工作與技術〉

俗話說：「魚與熊掌無法兼得。」然而，根據馬克思的推論，資本家擁有魚，也有部分的熊掌，後者是他並未支付給工人的部分。
他們玩什麼花招？請根據馬克思的文本回答。（頁394）

練習7　俗語思考 ▶見本冊的〈正義與法律〉

「以眼還眼：以牙還牙」報復式律法法律，乍看之下似乎是正義完美的形式。實際上，犯錯與懲罰這兩個詞彙具有完整的相互關係而包含彼此。正義難道是建立在使輕罪犯或重罪犯痛苦上，如同因他而受害的人所遭受的？

1. 請你特別檢視死刑的問題。我們是否能找到與取消生命對等的罰則，而不是取消罪犯的生命？將死刑運用在血腥犯罪上，是否是適當的正義？

2. 或者適得其反，對犯人執行死刑也使得正義變成犯罪，和罪犯的行為同樣不正義？請用正反對立的辯論來組織你想到的東西。

練習8　作品分析

如果只是利益與卑劣的計算使我變得富有，假如我向來都只是為了換取服務而去幫人，我將不會對一個沉痾不癒的人 [⋯] 付出：假如我覺得要耗費力氣，我將什麼也不會付出，因為我就沒有時間做本來要做的事情。

塞內卡（Sénèque），《論恩惠》

| 畢卡索，乞丐與孩童，油畫，（125 × 92公分），1903，普希金博物館，莫斯科。

1. 畫中與文本中的人物，為何被排除在交換系統之外？
2. 畫中的乞丐與孩童似乎在分享某樣東西？
3. 當交換意味著分享，卻不一定是「有交換條件的」。試說明這個論點。

# 綜合整理

定義

> **交換是給予物品或是提供服務，或是向某人說話，讓對方接收訊息，並等待對方回應。**

提問 **Q1：為什麼要交換？**

癥結

> 交換只能化約成商業經濟的交換？難道交換的動機只是個體各自尋求自身利益？

答題方向

> 對休謨、斯密與自由派的經濟學家來說，人類是善於盤算的，各自追求滿足自己需求的事物。
>
> 對牟斯而言，交換的利益不侷限於經濟利益；交換所建立的關係比所交換的物品來得重要。

引述

> 「我們不是因為屠夫、釀酒者或麵包師傅的善心而獲得晚餐。他們也只是為了獲取自身利益。」（斯密）
>
> 「事物除了買賣的價值以外，還有一種情感面的價值。我們不是只具有商業性的道德。」（牟斯）

提問 **Q2：交換有助於和平嗎？**

癥結

> 交換建立了人與人之間的關係：家庭關係、友誼關係、人與人相互肯認的關係等。但是交換難道不也是衝突的製造者嗎？

答題方向

> 孟德斯鳩認為商品交換有助於和平。而牟斯與李維史陀也認為，當人類進行交換，就沒有戰爭。
>
> 但是，盧梭與馬克思卻認為，抵抗來自不平衡交換的社會秩序或[抵抗]不正義的社會安定是正當的。。

引述

> 「商業的自然效果是帶來和平。」（孟德斯鳩）
>
> 「交換是戰爭的和平解決，戰爭來自於失敗的交易。」（李維史陀）
>
> 「粗暴地追求個人目的是有害於整體的目的與安定。」（牟斯）

# 4 國家

**抵抗國家**

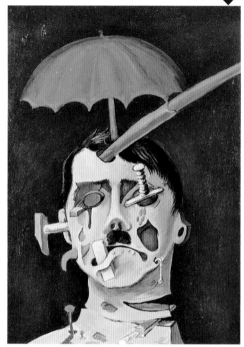

《希特勒》，維克多・博納（Victor Brauner），
1934，油彩版，巴黎龐畢度中心。

漢斯・法拉達（Hans Fallada, 1893-1947），描寫柏林居民在1940年5月以後的日常生活。關蓋勒夫婦決定反抗納粹，於是竭盡所能散布消息，揭發納粹真面目。兩人最後遭到逮捕、受到虐待並被判死刑。兩人起身反抗德國第三帝國的極權統治是否是對的呢？

▌「你覺得我們散布的卡片會起什麼作用？」安娜問道。
▌「人們看到這卡片，讀了前幾行字一定會很震驚。因為現今這時刻每個人都會害怕……」
▌她說：「幾乎所有人都害怕，但我們不怕。」
▌他忖思許久後才又說：「發現卡片的人一定很害怕在樓梯間被人看見，會趕緊將卡片藏起來，並快步離開……或者，他們會把卡片放回原處，等下一個人來發現它 [……] 每個讀到這張卡片的人剎那間一定覺得自己在犯罪。他們一定會認為散播卡片的作者是有理的，但自己不能這麼想，因為死亡會籠罩在有這念頭的人身上。」

▌關蓋勒接著說：「很多人會急著把卡片交給黨部地區的長官，或是交給警察，盡可能快點脫手。但沒關係，無論他們是不是黨的人，或指揮官、警察，他們都會看到這張卡片，自然會對他們造成影響，這向他們證明還有抵抗的力量存在，不是每個人都聽命於元首。」

法拉達，《獨自一人在柏林》，1947，A. Virelle 譯本，@Denoël出版社，2002，165頁。

| 一般看法 | 思考之後 |
|---|---|
| **國家是一台可怕的機器** | **人需要有國家嗎？** |
| 　　長久以來，國家被視為一股可怕的力量，有權決定臣民的生或死（死刑、戰爭時的徵召動員等）。今日，國家則要照顧公民的生活（公共服務、管理公民身分等）。上述兩種情況中，國家似乎都凌駕於人民之上，擁有的權利比任何人都要多（如：一個人儘管再有錢，也不能自己執行審判權），同時也能夠呼應大眾的需求。 | 　　小說中，關蓋勒夫婦不只是一部機器中平凡的齒輪。身為公民不是只能服從，國家也不應該扮演照顧每個人幸福的父親角色，因為這樣會危害到個人的自由。為了彌補社會的不足，國家是必要的嗎？或是如同無政府主義者所追求的，社會能否自外於國家而自行管理？ |

# *當我們表達意見與行使投票權時，真的了解自己對國家的期待嗎？*

## 從定義尋找問題意識

### 定義

> 國家是在明確界定的領土上，有責保障公共財產（安全、繁榮、正義）的制度。

在一個國家之內以及服從指揮，最高的法律是為了所有人的福祉，而不是指揮者的福祉，那個完全服從主權者的人不應該被稱之為無用奴隸，而是具有主體性的臣民。（史賓諾莎《神學政治論》）

### 制度

　　從某些社會並沒有國家的事實便可得知，國家是建構出來的，是人類的發明。國家乃是根據法律而形成的普遍客觀存在，例如：憲法。國家具有象徵性，例如：國旗與國歌都是國家的表徵，圍繞著這些象徵而集結了不同社群的成員。

### 有責

　　國家對整個社會具有權威性，並以特定方式行使權力（如：行政機構、警察、軍隊等）。國家必須在時限內回應國民（受憲法保障的人民）的訴求。例如：政府必須彌補自己所犯的罪行，或是新政府仍有承擔舊政府債務的責任。

### 公共財產

　　國家應確保完整性、繁榮、安全，以及公平對待所有人，教會、家庭或私人機構（企業）均無權管理公共財產，僅有權管理特定群體與特定產業。

### 明確界定的領土上

　　界定國家的，並不是天然疆界或血緣關係，而是在一塊領土上實行的強制權（使用約束力）與立法權。國家在領土以外的地方無法施展權力，而且必須捍衛他國的侵犯。海外殖民地也是國家的一部分。相反的情況是位處羅馬的梵蒂岡，雖然被義大利包圍，卻在義大利國土內自成一個國家。

## 定義提出什麼問題？

　　定義強調，公共財產的管理權是落在國家身上。國家是否如實遵守這個任務？▶ Q1：國家是為所有人服務的嗎？

　　國家有權管轄全部領土與整個社會，而且是以強制性手段為前提。哪些是國家的手段？▶ Q2：國家如何行使權力？

　　國家受到整個社會認可，保障社會的完整與安全。但反過來，國家也必須肯認社會主體的存在，且不能對社會濫用權力。▶ Q3：社會是否應該限制國家的力量？

# 問題思考

————✦————

COURS

「人是政治的動物。」
——亞里斯多德

關鍵字區分

合法（légal）/ 正當（légitime）

國家制定法律並訂出合法的定義（符合法律）。如果人民有建立國家並服從國家的理由，國家就能被認可具正當性。

定義

公民社會（或稱市民社會）指的是所有組織與私人機構的整體，其中成員因為共同利益而結合（結社）。這是一種肯認個人自由與工作價值的現代觀念。

定義

對建立國家的思考必須引用多種對「自然狀態」的假設。這是虛構且未知的狀態，讓人想像沒有國家的人（沒有社會、也沒有文化），從中推論國家能帶給他們什麼，並檢視國家是否必要。

# Q1：國家是為所有人服務的嗎？

**個人若能同意放棄捍衛生命與利益的權利，意味著他們對國家有何期待？**

## 1. 國家對公共財產負責

對亞里斯多德而言，在國家誕生之前，城邦（法文 cité，希臘文 polis）的出現呼應了人們的政治主張。公民未必要是國家的政治人物，但都應該為自己的城邦犧牲奉獻。例如：蘇格拉底就被指控對城邦中的神祇不敬，但他寧死也不願背叛他的城邦去流亡。

但在 16 世紀初，由馬基維利所擘畫的現代國家理論則認為，現代國家具有功能與特殊手段（制憲、徵稅、行政管理、國家警察、國家領導者等），以便在為公共之善服務時，也能夠回應個人利益。所有國民都必須服從維持秩序的公共權力。例如：秩序的力量代表就是軍隊，因為那是國家對「合法身體暴力的壟斷」（韋伯）。現代國家與提倡個人優先的城邦不同，現代國家來自於社會體本身，它必須要繁榮並代表社會。因此，如同洛克與史賓諾莎（Spinoza）（▶見文本閱讀3-2，86頁；文本閱讀4-1，90頁）所說，國家必須保障個人自由，只要這些自由不違背公共利益。例如：國家不應該強迫單一信仰，也不應該侵害公民社會的權利。

## 2. 國家應是源自一份社會「契約」

公民與國家所訂定的「契約」，是一份尊重法律的相互承諾。人們說的社會「契約」，是類似公民社會中的結合，如同婚姻契約，這讓國家在一致同意的情況下擁有合法地位。例如：國家只能頒布符合憲法的法律，同樣，公民也無權逾越法律。契約約束公民，使他們放棄以個別方式對抗他人的權力，前提是他人也放棄這權力。例如：雇主與雇員都遵守同樣的法（勞動法），雙方都放棄只追求自身利益的權力，同時接受法律約束（合法工時）。同樣，在任何人都不逾越法律的情況下，人民都同意國家是立法與決策權的唯一所有人。例如：徵稅與稅收的使用、透過國家公務員保障領土安全。

霍布斯（Thomas Hobbes）（▶見文本閱讀1-1，81頁）認為，國家應該保障成員安全。但由於國家源自於一份契約，國家因此有其他應負的義務。對史賓諾莎來說，國家的目的並不僅為了避免戰爭，更是設立自由的制度（▶見文本閱讀1-2，82頁）。如盧梭所明確指出，為了實現平等與自由，人民必須自行訂定法律（▶見文本閱讀1-3，82頁）。但是人民的代表（參議員、國會議員等）真的是為公共利益服務嗎？他們難道不會僅為特定利益服務？個人放棄自然狀態的自由，這樣做真的對嗎？

# Q2 : 國家如何行使權力？

國家對「合法身體暴力的壟斷」（韋伯）。認為國家有權使用暴力，
所指的是什麼？

## 1. 好的指揮可能採取惡的手段

　　在國家受到威脅時，所有確保國家穩定的手段都可能被視為合
法。根據馬基維利的看法，好君王並非依靠道德與真誠來行事，他
必須適應情勢與輿論來維護權力，並為國家效力。

## 2. 國家使人相信國家會追求公共利益

　　即使人民以為有人代表自己，卻還是會受到「公共利益」這個
詞所欺騙。對馬克思而言，「集體信仰」（意識型態）就是國家強大
的工具。

## 3. 國家使用暴力的權利

　　當代國家擁有最高正當性（為每個有理性的存在者所接受），
但也獲得暴力的使用權。理論上，根據韋伯，法治國家的特性是具
備理性的法律權威。但即便是純粹由理性所建構的權威，也有部分
包含某個神祕的面向（領袖主義、單純來自傳統的力量等）；同時，
由於國家在管理上的必要，而將每條人命的價值簡化到只等同於數
字，因此甚至會是不理性的，例如：強調理性同時也是官僚化的這
種典型國家，可能成為極權國家。

**定義**

法治國家符合現代國家的形
式，肯認合法性作為正義的
主要標準。

# Q3：社會是否應該限制國家的力量？

國家的公正性在於國家對社會的獨立性。反之亦然，現代公民社會也要求自身的自由與獨立，這也是獨立於國家之外的自由主義概念。因而，一個國家能否不去考慮社會？

## 1. 組織構成取決於社會條件

社會承載著許多不平等，相較於此，國家追求更整體的利益。不過，由於國家從政治上組織社會，國家型態因此取決於社會狀態。例如：公民社會的發展締造了自由主義式的國家，有利於商業交易，不利於國家壟斷；或是信仰自由受到國家主導的「政教分離的世俗主義」原則所認可（▶見文本閱讀3-2，86頁）。現代國家的理想目標是保障每個個人的安全、自由與平等，國家的自由度受限於人民的特殊性（宗教、性別、職業等）。孟德斯鳩（▶見文本閱讀3-1，86頁）指出，不是任何社會都能建立出民主國家，因為人民有權力意味著這個社會能夠教育自己的民眾。

## 2. 公民不服從

在具有正當性的國家中，整個社會都擁有對國家的約束力。例如：社會經由對話而產生一條新的法律。但在某些特殊情況下，倘若國家不尊重人民基本權利，人民便可基於公民的責任感，透過不服從國家來捍衛正義。例如：1847年，美國作家大衛・梭羅（David Thoreau）公開拒絕繳稅給國家，並譴責美國支持奴隸制以及對墨西哥發動帝國主義式的戰爭。當一個行動不僅是捍衛個別利益，而是為了更高的權益，這就是捍衛民主的行動，也是捍衛正義的行動。

## 3. 國家是否無用？

國家收稅以及擁有警察、軍隊的正當性，是有爭議的。無政府主義者（亦即拒絕國家指揮者）指出：沒有國家，人民可以活得更好。例如：假使社群連結便足以促進互助，就不需要警察或是稅收了。

倘若私人組織可以確保執行國家主要功能（警察、防禦、健康等），就無需限制個人自由。羅斯巴德（Murray Rothbard）主張，這種個人自由至上的無政府主義，每個人只要能為自己負責，無需政府的幫助，他就更能夠確保自己的生存。

**定義**

> 社群主義（communautarisme），是從個人的社群與文化關係脈絡中，重新思考個人的自由。

**定義**

> 個人自由至上論（libertarisme），以個人自由為名，鼓吹將國家簡化到最小功能，甚至批判國家在社會正義上的介入。

# Q1：國家是為所有人服務的嗎？

國家壟斷了對人身的合法暴力，我們可以將國家視為「利維坦」(《聖經》一書提到的恐怖海怪)。國家成員與統治者訂定了合約，以服從交換他們所要的。對霍布斯來說，這主要是換取保障安全。對史賓諾莎而言，國家必須促進公共利益。至於盧梭，他質疑國家作為人類自然歸屬的概念。只有當國家能改正社會的惡時，人們才應該要有國家。

## 哲人看法

TEXTES

*在服從契約的範圍內，國家保障安全*

**文本閱讀 1-1**

霍布斯

托馬斯・霍布斯 Thomas Hobbes
1588-1679

　　霍布斯指出，國家可以透過契約形成，力圖阻止人類之間發生戰爭。國家有權使用武力 (警察、軍隊)、公共資源 (財政) 與司法 (立法院會與法官)。

　　若要建立一種足以抵抗外來侵略與制止互相傷害[1]的共同權力，透過自己技能[2]與土地產出來保護自己，而過著自足且滿足的生活，就得將他們所有的權力與力量託付給一個人或是一個代表大會，並透過多數決的方式，將所有人的意志化為一個意志[3]。也就是說，指定一個人或是大會作為他們的「人格」，而且所有人都要承認並且認同這個「人格」在共同和平或安全方面所要採取的任何行動 (或使他人做出的行動)，如此，這個人格便承擔著公眾的人格。大家讓自己的意志與判斷服從於這個人或是這個大會的意志與判斷，這不僅僅是共識或協調[4]，而且是全體真正統一於唯一且相同的一個人身上。後者這個人格是公眾透過互相訂約[5]而形成，就如同人人互相說：我授權這個人或這個大會，我放棄自我管理的權利，條件是你也將自己的權利授予給他 (它)，且以相同的方式承認他 (它) 的一切行動。這種作法到最後，這些集中於一個人格之中的群眾，就被稱為「共和國」(RÉPUBLIQUE)[6]，拉丁文稱為「城邦」(CIVITAS)。這就是偉大「利維坦」的誕生[7][⋯]，這會死里的上帝[8]，在永恆上帝的庇護下，我們得以獲得和平與保障。

霍布斯，《利維坦》，第17章，E. Tricaud翻譯，Sirey，1971，177-178頁。

| 法國國會前象徵法律的雕像，位於巴黎。

[1] | 霍布斯假設在自然狀態中，「人對人像狼一樣」，僅是為了生存或爭取承認的永恆戰爭。

[2] | 工作、技巧。

[3] | 當所有人都服從於法律，人與人之間的差異就同時消除了。

[4] | 不是亞里斯多德或西塞羅所說的自然社會性。

[5] | 確實是一份經我們同意的契約、合約。

[6] | 公共事務或國家：共和國同時也是 (藉由憲法) 人民組成的國家與公共財產的管理機構 (透過政府與所有不同行政機關)。

[7] | 創造 (國家不是自然出現或由神創造的，而是公民之間的合約或協議)。

[8] | 國家的力量會令人擔心，因為國家匯集了所有公民身上的武力 (警察、軍隊、控制交易)。

Q：文中哪些部分能證明國家是為人民服務？它的決定為什麼不容置疑？

Q：為什麼每個人向國家交出決定與行動的自由是對自己有利的打算？

**文本閱讀 1-2**

史賓諾莎

巴魯赫・史賓諾莎 Baruch Spinoza
1632-1677

*在社會契約的範圍內，國家致力於所有人民的福祉*

個人同意服從國家，只要國家要求每個人都依照其理性來行事。

假如人性就是往自己最有利的方向發展，便無需使用任何技巧[1]來維繫和睦與忠誠。但由於人們的天性並非如此，無論對於治理者或是被治理者，無論願不願意，國家都要以有益於共同福祉來行事。也就是說，所有人無論是自願，或是受迫，或是出自必要，都必須受制於理性的原則來生活。

史賓諾莎，《政治論》，第六章，C. Appuhn 譯本，Flammarion，「GF」系列，41-42頁。

| | [1]（國家）是人為的建構，史賓諾莎這裡提出的見解不同於古代國家，後者呼應了人的自然目的（亞里斯多德說：「人是政治動物。」）

Q：國家有比保障安全和信守承諾更重要的事？

**文本閱讀 1-3**

盧梭

讓-雅克・盧梭
Jean-Jacques Rousseau
1712-1778

*在協議的範圍內，國家將自由與平等法制化*

盧梭質疑，難道自然狀態中的暴力，就可以正當化國家的存在？（他設想的原初自然狀態，其實是沒有暴力的自然狀態），他也質疑，國王像父親一樣指揮臣民，這是否具備自然正當性。不過，透過服從法律，我們自我規範（公民自由）是為了保障自由與平等。

找到一種結合的形式，能用一切共同的力量捍衛並保護每個結合者的人身和財產，而透過這種形式的結合，個人與全體結合，卻只是服從於他自己，並如同往常一樣自由。[…] 這些已約定好的條款可以用一句話做總結——每位結合者將自身的一切權利都讓渡[1]給整個共同體。因為，首先，當每個人將自己所有都奉獻出來，這個條件對所有人都相等，這樣，就沒有人會創造讓他人難以忍受的條件。其次，權利讓渡是毫不保留的，結合也會盡可能完美，任何結合者就不會有更多要求。[…] 最後，每個人是向全體奉獻出自己，而不是交給了某個人。因為，每個人都可以從每一位結合者那裡獲得自己讓渡給結合者的權利，因此，每個人都可獲得他失去的一切等價物，並獲得更大的力量去保護自己的所有。

盧梭，《社會契約論》，第一卷，第六章，Flammarion，「GF」系列，2001，56-57頁。

| | 盧梭說的「讓渡」用的是「異化」（aliéner）這個字，是將自己本身所有的，給予或是出售、讓渡給第三者，給他人（拉丁文：alienus 意為外人、異邦人）。

Q：將自己的權利移轉給法庭做出公正判決，每位公民因此喪失了復仇的自然權利。在什麼情況下，這種「完全的讓渡」使得每個人變得更有力量也更自由？

**理解命題的論據──文本閱讀1-3**

**命題**：能強化人民自由的，才是真正的社會契約，也就是由人民來立法，表達出普遍意志。盧梭透過三個弔詭的論證來證明。

**論據一**：每個人都同意服從國家。「所有人聯合起來，卻服從自己。」(第一卷，2-3章)。

**論據二**：義務與權利對所有人都是一樣的，沒有例外。法律之前人人平等。「每個人將自己的所有都奉獻出來。」(第一卷，第6章)。

**論據三**：沒有人可以超越法律，法律保障個人不受壓迫。「把自己交付給所有人，不是個人。」(第一卷，9-10章)。

**確實理解了嗎**？為什麼服從法律會比「服從一個主人或是活在沒有法律之中來得自由」？

**定義**

普遍意志：對盧梭而言，契約的結合者不只是個體的意志在共同利益上相互同意。這個人民的意志已經改變，不考慮個別意志，而是一種為了自己同時也為了所有人的普遍意志。

# Q2：國家如何行使權力？

國家的代表在保護所有人民的情況下，享有使用暴力、伸張正義、收取稅金的權利。但是我們能夠明確定義賦予國家權威的標準與合法手段嗎？

*為了維護權力，要懂得如何操弄輿論*

**文本閱讀 2-1**

馬基維利

尼可拉‧馬基維利 Nicolas Machiavel
1469-1527

馬基維利在《君王論》中寫到：「我在奉獻給國家的那十五年中，既不偷懶也不放縱逸樂。」不同於盧梭宣稱自己因為「不是君王也不是立法者」而可以提出政治理論，馬基維利則是從政治歷史中汲取建議，取得並保住權力為公共利益服務。

當切薩雷‧波吉亞（後為瓦倫提諾公爵）占領羅馬尼納，他發現過去統治這個地方的領主，既沒有權威也沒有能力。這些領主與其說是統治臣民，不如說是在剝削他們，此地因此一片混亂又不團結，甚至嚴重到讓盜匪、無賴與各種罪犯四處橫行。為了重新恢復和平，並讓臣民服從王權，切薩雷認為應該在此建立一個好的政府。因此他挑選了冷酷、辦事俐落的雷米‧德爾科，授予全權管理。不久之後，雷米敉平了一切混亂，人們只要聽到他的名字，便聞風色變。但此後，公爵認為這過於極端的權威不再必要，同時害怕終將招致憎恨，便在這個省區之中設立了民事法庭，任命一位知名的庭長，每個城市的抱怨與不滿都可以到那裡申訴。公爵很清楚，代理人的嚴格作風已經引發敵意，為了宣洩人民心中的怨恨並爭取民心，必須讓他們清楚過去

的殘酷行徑並不是他下的命令，而是來自他臣下的粗暴性格。隨後，他抓緊時機，某天早晨，將雷米的身軀砍成兩半，暴露在切塞納的廣場上，旁邊留下一塊木頭與一把血淋淋的刀子。

馬基維利，《君王論》，1513，第七章。J. Anglade 譯本，口袋書系列，37-38 頁。

Q：「目的證成手段」這句話為什麼是《君王論》的精神？

### 文本閱讀 2-2

卡爾・馬克思 Karl Marx
1818-1883

馬克思

#### 國家利用集體信仰

馬克思與恩格斯主張，在成功建立一個沒有國家也沒有階級的社會之前，人民永遠是受到壓迫的，沒有人會關注普遍利益。

說真的，這個共同利益不僅是以「普遍概念」存在於想像之中，而且首先存在於人際分工相互依賴的現實當中。[…] 民主體制、貴族政治與君主政體之間的相互鬥爭以及爭取選舉權等等，不過是一些虛幻的形式（所謂的「普遍」，一直是共同體的虛幻形式），各階級並在這些形式之下進行鬥爭。[…] 此外，每一個力求統治權的階級——即使這個統治條件需要消滅整個舊社會的型態與統治，如無產階級式的[1]，——首先必須取得政權，才能重新將自己的利益變成普遍的利益。[…] 再說，無論 [共同利益] 是真實還是虛幻，特殊利益不斷反對共同利益的這些實際鬥爭，都有必要加以實際介入，並用具有國家型態的虛假「普遍」利益去調節。

馬克思與恩格斯，《德意志意識型態》，Rubel, Evrard 與 Janover 共同譯本。<br/>「Folio Essais」系列，©Gallimard，1994，317-318 頁。

[1] 工人階級。

### 理解命題的論據——文本閱讀 2-2

**命題**：普遍利益是由統治階級所形塑的概念。

**論據一**：政權變化背後所意味的，永遠是某個社會階層的上升與某個社會階層的下降（如：貴族、中產），而不是為了捍衛普遍利益。

**問題**：請你舉出一個符合上述分析的革命或改革事件。

**論據二**：如果平民階級無法將自身利益提升成代表普遍利益，就無法逃脫被宰制的命運（如：「全世界無產階級，團結起來吧！」）。▶Q：在沒有階級的社會中，在沒有統治階級也沒有國家的情況下，能維繫一定的秩序嗎？

**結論**：對馬克思來說，國家的主要功能是要緩和階級之間的鬥爭，以服務統治階級。是統治階級定義了何謂普遍利益（集體意識型態）。

#### 關鍵字區分

普遍的（universel）/ 一般的（général）/ 特殊、特定的（particulier）/ 個別的（singulier）

「一般的」，原則上指的是一種共同利益，超越（某階級）特殊的利益。在右方文本閱讀 2-2 中，「一般」這個詞只是一種幻覺。只有（個別的）個人與（特殊、特定的）群體認為國家有權代表他們（一般利益），甚至願遵守全人類的基本權利（世界人權宣言）時，國家的安全才受到保障。

政府是人民的主人還是僕人？

## 現代國家使用理性權威

文本閱讀 2-3

韋伯

馬克斯・韋伯 Max Weber
1864-1920

1919年，馬克斯・韋伯表示政治是建立在一個群體或某個個人對他人的統治策略上。這種統治權經由被統治者信奉統治者的價值而獲得。

必須將現代國家視為在一定疆域範圍內的人類共同體——疆域概念是特色之一——並在這疆域範圍內成功地壟斷正當(對身體)行使暴力的權利。實際上，我們這時代的特性是，除非國家容許，沒有團體或個體有權訴諸暴力：國家成為暴力「權利」唯一的來源。因此，我們將把政治理解為在國家之間或一個國家之中的各個團體分享參與政治或影響政治分配所做的所有努力。[…] 原則上，[…] 有三種內在理由證成統治的合理性，也因此產生三種正當性基礎。首先是「永恆過往」的權威，也就是透過永恆不朽與深植人心的習慣而使人尊敬的神聖化傳統。這是從前族長或封建主所建立的「傳統權力」支配。第二種權威是建立在個人光環與個人功績上[1]。這種權威來自臣民對某個人全然的效忠，以及對他這個人的信任，這個人由於神奇的特質、英雄事蹟或其他足以表率的特質，而成為領袖。[…] 最後是建立在「法治」上的權威，基於信任某種法律地位有效性，根據理性規則所建立的積極能力。換句話說，這是奠定在遵守某身分應履行的法律義務上。這就是現代「國家公僕」以及在這類關係中取得權力的人所執行的權力。

[1] 領袖魅力（charisme）是賦予一個人的特殊光環（如：被神選中的先知）。

韋伯，《學術與政治》（包含韋伯的〈學術作為一種志業〉與
〈政治作為一種志業〉兩篇文章），Plon，10／18出版社，1959，100-102頁。

Q：請舉出符合韋伯每個權威類型定義的國家。

### 從文本到論證——文本閱讀 2-1、2-2、2-3

用這三段文本節選出的論證來幫助你思考，從一份選舉文宣中提出的政見，或是從一段政治論述中，舉出對應如下概念的例子：

討好選民的想法

- 「超越」單一政黨利益的意圖
- 尋求科學理論的背書（尤其是經濟學家的擔保）

# Q3：社會是否應該限制國家的力量？

**原則上，國家是公正且中立的。但社會難道不需要抵抗一個想要否定其特殊性及成員自由的國家嗎？國家應該要節制自己踰越個人的自由？還是應該要介入以便進一步提升集體的自由？**

**文本閱讀 3-1**

孟德斯鳩

孟德斯鳩 Montesquieu
1689-1755

*政府的類型取決於社會型態*

每種類型的政府（專制、君主制、民主等）都用自己的權力，對個人造成影響（害怕、恐懼、道德）。孟德斯鳩想要證明國家不能忽略社會－經濟條件，後者會決定政治的選擇。

一般來說，法律之所以能支配地球上的所有人，依靠的就是人類的理性；每個國家的政治與民事法只是（這種）人類理性在面對個別情況的運用。法律應該是為該國的人民而制定，為適用於該國國民而存在。若這些法也適用於另一國，那純屬湊巧。無論這法律是構成政府的政治法，或是維繫其體制的民事法，都應該符合被建立或是想被建立的政府的性質與原則。這些法律也應該與國家的自然狀態相關，與氣候的寒冷、炎熱或溫和，與土壤品質、環境、面積大小，與人民從事農耕、打獵或放牧等生活方式息息相關。法律必須考量人民的信仰、習性、財富、人口、貿易、風俗與舉止態度等，與憲政體制所能容忍的自由程度相呼應。

孟德斯鳩，《論法的精神》，第一章，第三節，1973，Garnier，12-13頁。

Q：為什麼不能想像一部適用於所有民族的理想憲法？

**文本閱讀 3-2**

洛克

約翰·洛克 John Locke
1632-1704

*國家沒有權利剝奪任何人的自然權利*

由於國家僅是為了保護個人自由而設立，因此國家的權力是受到限制的。不只是國家，任何教會都沒有權利侵犯財產與人身。

在我看來，國家是由人們組成的社會，人們組成這社會，只是為了要建立、維護並增進公民利益。

我所說的「公民利益」是指生命、自由、身體健康，以及身外之財如金錢、土地、房屋、建物等這類事物。

行政官員的職責是，藉由公正無私地執行平等的法律，保障所有人，尤其他的每個人民，都能正當擁有生命中的所有事物。假設有人意外違反這些維護財產所有權的公共法律，他的魯莽輕率必須因為

害怕懲罰而有所節制。這些懲罰包括剝奪其部分或全部財產或公民權益，這些他原本能夠且應該享有的權利。[…]

基督宗教教徒之所以引發宗教爭執和戰爭，並不是因為那些難以避免的多元意見，而是因為他們不願意寬容。教會領袖受到貪婪與無止境地想要統治他人的欲望所驅使，利用君主的野心與人云亦云民眾的迷信心理，以此煽動他們去反對那些意見與教會相反的人，跟他們說要剝奪主張宗教分立[1]與被視為異端[2]之人的財產，並完全消滅這些人，此舉違背了福音書與基督徒慈愛的訓示。他們因而將教會與國家這兩種截然不同的事物混淆在一起。

洛克，《論寬容書簡》，1686，J. Le Clerc 譯本。「GF」系列，Flammarion，1992，168 與 212 頁。

| 國際特赦組織宣傳海報：「別讓任何人剝奪你捍衛言論自由的權利。」2003。

Q：洛克如何證明國家一方面有權處罰並奪取公民的財產，另一方面又認為沒有任何機構（國家或教會）有權利以宗教理由懲罰任何人？

---

*在民主國家中的公民不服從*

**文本閱讀 3-3**

羅爾斯

約翰・羅爾斯 John Rawls
1921-2002

在一些民主國家中，公民不服從的確成了問題。因為首先必須要承認國家是正當的（要求正義），才能以公民身分去反對以人民之名的某些決策。

既然我假定了，一個近乎正義狀態的國家必須是民主政體，那麼這個理論所關切的是，對於正當建立的民主權威而言，公民不服從所扮演的角色與其適切性。這個理論並不適用於民主以外的其他政體，除非是特例，否則也不適用於其他形式的異議或反抗 […] 對我而言，公民不服從的問題，只有在當公民或多或少肯認及接受憲法正當性的民主國家中才會發生。其難處就在於義務之間的衝突。面對捍衛公民自由權與對抗不正義的義務時，服從多數派所制定的法律（或多數派所頒布的法令）的義務，何時不再具有約束力？這個問題涉及了多數統治（majority rule）的本質與界限。因此公民不服從的問題，是所有民主道德基礎理論的關鍵測試。

羅爾斯，《正義論》，C. Audard 譯本，「Points」系列，Seuil，2009；Rawls 原版 363 頁。

關鍵字區分

合法的（légal）／正當的（légitime）

政府依（合法的）法規行事，但是當政府決策不符合具有正當性的憲法時，有可能引起不服從的行動（違法，卻是正當的）。

Q：你能舉出幾個因義務衝突，而引發公民不服從的例子嗎？
Q：如何區分「公民不服從」與只是「不服從法律」兩種行為？

**文本閱讀 3-4**

羅斯巴德

穆瑞・羅斯巴德 Murray Rothbard
1926-1995

*國家危害到個人自由*

羅斯巴德所屬個人自由至上論的流派，提出了最小限度功能國家的概念。對羅斯巴德而言，一些個體就足以扛起國家的主要功能。

如果生活在社會中的所有人（除了少數被認定為罪犯的人，如盜竊者與銀行「搶匪」）都是透過自己選擇的方式獲取收入，無論是出售貨品或提供服務給消費者，或是收到自願的贈與（遺產與繼承等），只有國家政治人物是透過強制的方式獲得收入，也就是以可怕的懲罰威脅來保障收入，那麼，這種「暴力」稱為「稅收」，在規範還未正常化的時代，則稱為「貢金」[1]。稅收是一種偷竊。

羅斯巴德，《自由的倫理》，第22章，F. Guillaumat，Les Belles Lettres，2011，271頁。

|| 征服者向被征服者索求的供品、戰利品。

Q：對羅斯巴德來說，個人自己賺得的錢不是「偷的」，跟國家用「強制的方式」取得收入不同，為什麼？

# Q4：國家是否是思想自由的保障？

▶見本冊的〈正義與法律〉 ▶見第二冊的〈自由〉 ▶見第五冊的〈真理〉

# 進階問題思考

——————+——————

PASSERELLE

|《遭蒙眼的瑪麗安》，瑪麗安系列，哥根（Cyril Cohen），2009。 |《遭捂嘴的瑪麗安》，瑪麗安系列，哥根，2009。

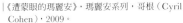

## 1. 國家的目的是保障自由

史賓諾莎主張，國家是為了自由而存在。因此，國家必須在不干擾公共秩序的前提下，承擔保護思想自由的責任（▶見文本閱讀4-1，90頁）。國家若沒有獲得人民同意便毫無權力可言，因此國家有可能藉由操控民意來維繫政權。不過從正面來看，由於國家肩負教育的責任，因此必須建立一個環境，使人得以學習自我思考。（▶見文本閱讀4-2，90頁）

## 2. 公共辯論以保障民主

公共生活是現代國家的源頭，其範圍卻在保障公民思想自由與獲得私人領域（家庭或職場上）的幸福的藉口下逐漸消解。然而，民主原本就假定，整體人民都有自由表達與委託代理的權利，而無需服從於所謂的「專家」或宗教的監護。我們如何還能夠做「政治」選擇，並對這些政治選擇進行論辯（▶見文本閱讀4-3，91頁）？

**文本閱讀 4-1**

史賓諾莎

巴魯赫・史賓諾莎 Baruch Spinoza
1632-1677

*國家不能禁止自由思考*

沒有任何法律能夠強迫公民改變他們的願望與想法。審查是無效的，只會造成公共秩序混亂，破壞國家穩定與人民互信。

凡企圖以法律解決一切的人，必將加重惡習，而非導正惡習。我們無法禁止這些惡習的存在，即便惡習常讓人遺憾，也應該要容許惡習存在。多少罪惡源自於奢侈、忌妒、貪婪與酗酒等類似的衝動？人們會容忍，是因為他們知道，儘管這些都是惡習，但不會透過法律來禁止。而意見表達自由本身是一種德行，不但應獲允許，還不得受到壓制。[…]

**關鍵字區分**

要求（obliger）/ 限制（contraindre）

國家可以限制個人服從法律。但是法律面對人的欲望卻無計可施：人們只能透過他們自身的理性來要求自己不要喝酒、不要忌妒，才能做得正確。更別說國家沒有任何限制思想的權力。

就算言論自由可以受到壓制，也就算人們在未獲君王同意前不敢表達自己的意見，而導致人民處於受支配狀態，君王也不可能要人民如他所想的一樣來思考。若真如此，必然會造成如下結果：人們是有意見的，但是每天心所想與口所講的都背道而馳，國家最要緊的誠信因此崩壞。鼓勵令人憎恨的阿諛諂媚與背信忘義，使得狡詐當道，並使所有社會關係腐化。[…] 有什麼比自己認為是對的，卻被視為是犯罪、被打成罪行[1]，更讓人難以忍受？這動搖了人類靈魂中對神的崇敬及對其他人的憐憫。他們會因而憎恨法律，挺身與政府當局作對，他們不會認為這是可恥，反而覺得光榮，因而激起各種叛亂[2]，並做出任何可能的暴力行為。

1｜如懲罰犯罪。

2｜反抗

史賓諾莎，《神學政治論》，第 20 章，C. Appuhn 譯本，「GF」系列，Flammarion，331-332 頁。

Q：為什麼言論審查是沒有用也不公平的？
Q：當國家抨擊宗教信仰或是道德觀念，會發生什麼事？

**文本閱讀 4-2**

康德

依曼努爾・康德 Emmanuel Kant
1724-1804

*批判性評論要能夠增進公共討論*

康德鼓勵每個人要勇於獨立思考，並將其變成啟蒙運動的格言。公開運用的意見表達自由是為了在宗教、政治與防禦等事務上，促進公共討論，並回歸到所有覺醒的公民身上。但是當涉及任務執行（私人運用），每個人必須要保持中立與對國家的忠誠。

理性的公開運用必須在任何時候都是自由的，而唯有這種運用才能夠在人群之中實現啟蒙：但理性的私人運用往往可以嚴加限制，而不至於特別阻礙啟蒙的進步。但是我所謂的對其自身理性的「公開運用」，是指作為學者的某人在面對讀者世界全體公眾時，就其理性所作的運用。至於我們委任他擔任某一公職或職務，他對理性的運用，

我稱為「私人運用」。於是，許多涉及群體利益的事務，必須要有某些機制[1]，藉由這機制，群體內的部分成員只需被動行事，以便政府引導他們 [...] 為公共目的而服務，或至少使他們不去破壞這些目的。在這種情況下，當然不允許理性思考，而是必須服從。不過，只要體制中這部分的人，同時把自己被視為群體的成員，甚至是世界[2]公民社會的成員，再進而以學者的身分通過書寫面對本來意義上的公眾，這時他當然可以運用理性思考，而不至於損害他在部分時間以被動成員的身分從事的事務。因此，一個軍官若是受長官之命去做某件事，在服勤之際對於這項命令是否適當或有用大放厥詞，會是非常有害的。他必須服從。但是，若他是以學者的身分評論軍務中的錯誤，並交給公眾評判，人們就沒有理由禁止他。公民不能拒繳所課徵的稅，當他該繳納時卻對這項義務濫加非議，這種行為甚至可以當作誹謗來懲罰（但這可能引起普遍的反抗）。儘管如此，同一個公民如果是以學者的身分公開評論這類稅賦的不恰當甚至不公義，就不會違反公民的義務。

1 | 規律運作。

2 | 舉例來說，1789年，儘管康德對法國大革命提出批判，還是非常熱中在研究它在歐洲世界激起的影響。

康德，「答『何謂啟蒙』之問題」，於《判斷力批判》，1784，「Folio Essais」系列，©Gallimard，1989，499-500頁。

Q：如何分辨自由的公共使用與私人使用？

Q：分別舉一個例子。

*相互理解與意見表達*

**文本閱讀4-3**

哈伯瑪斯

尤爾根‧哈伯瑪斯 Jürgen Habermas 1929~

　　若要考量國民的宗教信仰，卻又不能危害到國家主導的政教分離的世俗主義，民主制度如何面對這樣的挑戰？

　　自由的國家在實現宗教與政治的制度性分離時，不能因此就將這種分離變成一種負擔，讓具有宗教信仰的公民在精神上與心理上無法承受。誠然，國家必須期待具有宗教信仰的公民接受並承認統治權力的運作應保持世界觀中立的原則。[...] 具有宗教信仰的公民，可以既肯認這個「制度性的翻譯保留條件」[1]，同時又不至於讓個人的身分認同——在參與公共討論[2]時——面臨必須把「公共的」與「私人的」部分撕裂的處境。

1 | 宗教信仰必須以理性的語言來表達，以便讓不認識或是非此信仰的人了解。譯注：指國家在權力分立的制度運作中，為了公共討論，要求將宗教或世界觀的理由，轉譯成一般世俗可理解的內容。

2 | 他們提出自己的論據，也須採納別人的論據理由。

哈伯瑪斯，《自然主義與宗教、民主的挑戰》，2005-2008，C. Bouchindhomme 與 A. Dupeyrix 譯本，©Gallimard，2008，188-189頁。

理解命題的論據──文本閱讀4-3

**命題**：為了保障民主，所有的公民（無論宗教信仰）都要遵守規範，參與政治討論。

**論據一**：假設政教分離的世俗主義不考慮到宗教信仰，國家就可能讓狂熱分子有機可趁，或起碼會在政治層面喪失信徒的信任感。

**問題**：請舉出與法律政策制定起衝突的宗教傳統或信仰。

**論據二**：當大家都理性論證，所有公民都有相同的權利來表達並分享他人意見。

**問題**：在公共論辯時，為什麼所有以理性來論證（「制度性的保留條件」）的意見，對所有人都是有益的？

**確實理解了嗎？** 在尊重政教分離的世俗主義下，是否有法律能夠「轉達」出某些信徒所認為的博愛與尊重生命的「神聖」價值？

---

**文本閱讀 4-4**

諾齊克

羅伯特・諾齊克 Robert Nozick
1938-2002

*烏托邦不只一種*

　　國家不可能設立一個完美的社會模型，但也沒有任何一個完美的社會模型可以剝奪公民選擇或改變他們理想生活的權利。在完全自由的概念下，烏托邦社會的數目與自然結社一樣多。國家的功能僅限於守護，讓每個個人能夠按照意願，根據共同計畫自由結合。

　　烏托邦是由一串烏托邦的網絡形成的，人們在此能夠自由地結合，在一個理想的社群中，追求或嘗試實現生命中的自我目標。沒有人可以拿自己的烏托邦理想來強迫他人。[…]最小限度功能的國家將我們視為不可侵犯的個人，不能被他人當作手段、工具、被利用之物或資源。國家必須將我們當作擁有個人權利的人，這表示我們擁有尊嚴。尊重我們，並尊重我們的權利，使得我們都能夠各自或與我們所選擇的那些人，在可以達到的條件下，在跟我們擁有相同尊嚴的他人的自願協助下，選擇我們的生活，並實踐計畫，以及我們自己的構想。國家或是群體，對於以上所言，豈能踰越，豈能輕慢。

諾齊克，《無政府主義、國家與烏托邦》，第3部分，E. D' Auzac de Lamartine 翻譯，PUF，2008，380與405頁；Nozick原版，333-334頁。

Q：哪些社群使人錯認為它們提供了「世上最好的」給其成員？
Q：共同的烏托邦能推動個人自由嗎？

# 文學

## 延伸思考

OUVERTURE

### 《動物農莊》：是否該提防所謂的理想國家？

　　經過三個月的研討，豬已經成功地將動物主義[1]的原則化為七條戒律。現在，該是將這七條戒律寫在牆上的時候了。這些是不可變更的法，動物農莊裡的動物都必須遵照他們制定的法律。[…]他們頒布的這七條戒律就用白色巨大的粗體字寫在柏油牆面上，遠遠從30公尺外就能清晰看見。戒律如下：

| 喬治・歐威爾，《動物農莊》，1945。
上圖是1954年Joy Batchelor與John Halas製作的卡通。

1. 所有用兩隻腳走路的都是敵人；
2. 所有用四隻腳走路的或會飛的，是朋友；
3. 動物不可以穿衣服；
4. 動物不睡床上；
5. 動物不喝酒；
6. 任何動物不能殺另一種動物；
7. 所有的動物都是平等的。

　　[…]雪球[2]大聲朗誦著這七戒給不識字的動物聽。在場的動物紛紛點頭如搗蒜表示贊同，一些較機警的動物立即開始背誦起來。

喬治・歐威爾，《動物農莊》，1945，第二章。J. Queval譯本，<br>© Champ Libre / Ivrea，1981，頁24。

1 | 動物主義代表共產主義。
2 | 雪球是托洛斯基（Trotski）的象徵。

　　各位同志，你們不要認為我們豬是自私、享有特權的，事實上，我們之中有許多豬都討厭牛奶和蘋果[…]。我們是用腦的勞動者，農場的指揮和管理全部落在我們身上，我們夜以繼日地照顧著你們的好處。是為了你們好，我們才喝牛奶，吃這些蘋果。

喬治・歐威爾，《動物農莊》，1945，第二章。J. Queval譯本，<br>© Champ Libre / Ivrea，1981，32頁。

### 一部抗議時事的作品

　　喬治‧威爾是個具有社會關懷的英國作家。他於1945年發表小說《動歐農莊》，透過一個想像的情境，來揭露蘇維埃系統的政令宣導與壓制。動物群起抗議農莊主人的剝削，向所有（「兩隻腳走路的」）人類宣戰。地下抗爭造就出一個新的社會。但是資源公平分配以及「前輩智者」教導的理念則被謊言所取代。

　　領導者對這些戒律的解釋非常隨意。當名叫拿破崙（象徵史達林）的豬決定睡在農場主人瓊斯先生的床上時，第四條戒律變成了「不睡在棉被裡」；當要處置作戰的叛徒時，第六條戒律加上了「不需要正當理由」；而第七條戒律變成「所有動物都是平等的，但是其中一些比其他動物更應該受到『平等』對待」。不僅這些戒律的解釋遭到更改，隨著故事發展，領導者甚至沒有徵詢任何意見就廢除了戒律。菁英（「豬」）最後與「敵人」—— 人類和解，農莊改回原來的名字。

### 哲學練習——國家讓人相信代表普遍利益

1. 根據這部作品中的兩段摘錄，集權主義的哪些元素出現在喬治‧歐威爾描寫的政權中？
2. 為什麼「公共利益」的意識型態淪為統治工具？

練習1　掌握詞彙

定義如下概念

a. 法治國家

b. 福利國家

c. 公民自由

d. 自由主義

**練習1試答**

a. 法治國家：不同於暴君政體（暴君自認凌駕所有法律之上）。國家服從法律，更明確地說，根據凱爾森（Hans Kelsen）的看法，國家的唯一規範就是法律，而不管普世性正義的概念。法治國家保護個人不受隨意侵害，一切法律都必須符合憲法。

b. 福利國家：與亞當‧斯密「市場上看不見的手」的理論相反（▶見第二章〈社會〉文本閱讀1-2，30頁），也不同於洛克和諾齊克認為國家最小功能化的概念（▶見文本閱讀3-2，86頁；第三章〈交換〉文本閱讀3-2，61頁），主張福利國家者認為國家必須要調節市場機制，並保障教育功能（▶見文本閱讀4-4，92頁）。

c. 公民自由：公民的自由與天生的自由是相對的。「僅受欲望驅使的是奴隸，人因遵守自己規定的法律而獲取自由。」（盧梭）

d. 自由主義：一種將個人自由置於國家與社會關係核心的政治概念；捍衛自由貿易與競爭的經濟理論。

練習2　掌握詞彙　▶見本冊的〈正義與法律〉　▶見第二冊的〈自由〉

定義如下詞彙

a. 國家理性

b. 自由意志

c. 意識型態

d. 專制制度

**練習2試答**

a. 國家理性是以國家利益為名，並宣稱它高於道德和法律，而被當作政府行動的理由。例：聖‧埃弗爾蒙（Saint-Évremond）說：「國家理性是政治人物發明的神祕理性，使得政治人物做事可以不需任何理由。」

b. 自由意志是行動與自我評斷的能力，不受任何外來的影響。

c. 所謂意識型態，就是把自己視為不容置疑的真理的一套學說，在政治上被拿來說明與／或改造社會。

d. 專制主義是一人政治的政府形式，不受任何法律約束，並建立在普遍的恐懼之上。

### 練習3　概念區分

請利用本章節中的文本，幫助你區分如下概念：

a. 公共利益（普遍利益）—公共意志（普遍意志）

b.（結合）結社契約—臣服契約

c. 臣民—公民

d. 自由的私人運用—自由的公共運用

### 練習4　確認問題所在 ▶ 見本冊的〈正義與法律〉 ▶ 見第二冊的〈自由〉

問題：民主是否是多數暴政？

1. 在民主的定義中，民主的什麼特性正是反對暴政？

2. 在民主運作中，「多數」在哪一方面會對人民造成壓迫？

#### 練習4試答

1. 提出的問題在於：民主從定義上（屬於人民並為人民謀福利的政府）雖與暴政（一人掌有權力並為自身利益服務）對立，但卻也無法掩蓋民主的某些瑕疵。

2. 更精確來說，實施民主會出現兩種實際上的困難：無論是人民的代表或公共輿論都無法完全代表全體。由許多個人組成為一體的「大眾」，最終卻變得無法採取自發的行動。

### 練習5　分析論文的主題

主題：從國家的定義來看，國家是否不在乎個人利益？

1. 定義「普遍」與「特定」。國家為什麼會阻礙特定利益？

2. 從主題措詞所強調的「從……的定義來看」，它想提出什麼問題？

#### 練習5試答

1.「特定利益」：指群體的偏好，或個人特定的利益。而共同才是普遍的。國家的性質與職責必須要公正無私，將特定的意志轉化為普遍的意志。

2.「從……定義來看」：在權力的定義中，包含所謂的法理、
理論上的定義；或是具有一種抽象的看法。應該要對不同
的定義（自由國家、法治國家）提出問題，還要追問是誰
（哲學家、法官、政黨）在定義權力。問題：國家是否應該
要公正超然，或是國家是一種偏差？「超然」：公正無私；
冷酷；無論什麼情況下，永遠都保持同樣態度。
**問題**：國家是否應該要中立到毫不妥協的程度？

## 練習6　解構一個既定成見

要記得的是，不要把權力想得太高或太遠，它只是那些擁有權力
的人在彼此間分配的東西，然後是那些沒有權力的人所沒有並必須忍
受的東西。我相信權力必須被當成流動的事物，或是一種鏈結作用去
分析。它從來不會被固定在這裡或那裡，它永遠不被某些人所掌握，
也從來不是某種可取得的財富或財物。權力運作著。權力透過關係
網絡在運作，在這個關係中，不僅是一些個體在流動，這些個體也在
某個位置上接受並運作這個權力。這些個體(個人)不會毫無活力或只
是自願成為權力的標的物。他們一直彼此接替轉接。用另一種方式來
說，權力是透過個體被傳遞，並不在他們身上作用。[…]事實上，那
些被視為構成個體的身體、姿勢、論述、欲望，正是權力首先展現的
效果。也就是說，個體並不與權力對立，我相信，它本身就是權力所
展現的首要效果之一。

傅柯，《必須保衛社會》，法蘭西學院講座，1976，Gallimard / Seuil，27頁。

傅柯想說的是從統治者上對下的方式（▶見文本閱讀1-1，81頁），無
法使人了解什麼是權力。他解構了那種用垂直性與外在性來理解權
力的方式（權力加諸在誰身上或是權力被誰掌握），並透過新的意象
來陳述他的論點。

1. 傅柯為什麼使用網絡或鏈結的意象，去說明權力的運作，而不用
「政治體」（如靈魂指揮身體各個器官）？
2. 你是否可舉例證明個人比較像是權力的「傳遞工具」，而非權力
所施加的「標的」？可以試著用「被當作正常的」、甚至是用（學
校、職場上的）楷模來思考他們與權力的關係。

| 霍布斯《利維坦》首次發行本的書名
頁，1651年，彩色版畫。

| | 國家不同於古代城邦，不是自然產
物，不是神授，而是由人所建立（人
為的）。

練習7　圖片思考

我們稱之為「共和國」(RÉPUBLIQUE) 或國家 (拉丁文「CIVITAS」) 的偉大「利維坦」，是人所創造出來的[1]，儘管為了要保護自然人，它的身材、力量都比一般自然人強大，它也只是一個「人造的人」。在它身上，主權是一種「人造的靈魂」，由它賦予生命，並指揮整個身體的運作。行政官與其他如法務官或執行官之類的工作，都是「人造關節」。而與主權緊密相連，驅動每一處關節以及每一段肢體來完成任務的獎賞或懲罰的，則是它的神經 […]。所有個別成員的成功與財富是它的力量。人民的安全是它的工作。[…] 和睦是它的健康，內部的動亂是它的疾病，而內戰就如同它的死亡。最後，最初用來建立這個政體各部分、將之聯合及統一起來的「公約」與「協議」，就是上帝創世時所展現的「我們要造人」的「決定」。

霍布斯，《利維坦》，1651。F. Tricaud 譯本。Sirey，5-6頁。

1. 研究：研究人們所稱的「利維坦」，補充霍布斯上述文本中對它的說明。
2. 仔細觀察霍布斯「利維坦」首次發行本上的版畫，並回答下列問題：
a. 書頁上「利維坦」象徵著國家所具有的哪些功能？
b. 這「非自然人」，也就是國家，它的身體是由什麼所組成？
c. 這張版畫上，國家為什麼同時以強大和保護者的形象出現？

練習8　研究探討什麼是無政府主義
1. 為無政府主義下定義。
2. 指出無政府對失序混亂和資源分配等問題所提出的回應。

**練習8試答**
1. 無政府狀態是沒有指揮。無政府主義作為社會的構想，反對控制個人的制度 (教廷、國家)。無政府狀態的第一種形式建立在個人主義上，如施蒂納 (Stirner) 在《自我及其所有物》中所說，捍衛主體的全面自由，將自由主義極端化。第二種形式是蒲魯東 (Proudhon) 在《19世紀革命的一般概念》一書中捍衛的自由結合，而不是一份整體式社會契約與聯邦式的觀點。第二種形式比較捍衛社群主義的觀念。透過自由結合與集體工作來回應全體需求，而不用透過國家。例如巴辜寧 (Bakounine) 鼓吹財物的集體化與互助共融的關係。

2. 無政府主義不意味著混亂，也不是「叢林法則」。它可以是認為國家介入市場會產生更多不平等而非改變不平等，或是認為社群應負起自主管理的責任並直接呼應秩序與分享的需求。無論什麼情況，所有人都必須工作，沒有人可以受國家救濟。

練習9　概念思考：世界主義 ▶見本冊的〈交換〉〈社會〉

1. 回答下列問題以便定義世界主義。

　a. 何謂國際性地區？

　b. 世界主義的哲學意義為何？

2. 請試著從左邊這張海報和以下的引文來思考世界主義的概念，以回答下列問題：

值得提醒的是，全球性危機的存在（這是無庸置疑的），並不足以促進世界公民意識，為了不讓這些危機意識再次帶來新的不公平區域劃分，還必須確保每個人在面對這些危機時確實是「平等的」。

《論世界主義》，Cahiers philosophiques，No. 128，2012第一季，CNDP，2012，77頁。

按照上述福賽勒（Michaël Foessel）的說法，為什麼人們應該要區別全球危機（恐怖主義、生態災難）的集體意識與世界性國家[1]的建立？

3. 以分組方式及回答下列問題來討論世界主義的概念：今天，我們必須透過什麼方式成為世界公民？第一組研究技術與經濟層面的方法，第二組研究超越國界的理念與價值，第三組研究這行動的政治性手段。

| 國際志工招募海報。

| 譯注：État-Monde，世界性國家顯示在聯合國、世界貿易組織、世界銀行、國際貨幣組織等，將共同安全或經濟規則加諸在不同的國家上面，目的在促進各個國家的合作與發展，但也因強權國家利益的主導而可能失去普世性，因而招致批評。

練習10　概念思考：極權主義　▶見本冊的〈社會〉　▶見第二冊的〈自由〉

### a. 思考專制主義與極權主義的區別

孟德斯鳩已經指出專制主義的形式是國家最墮落的形式：權力集中在一個人手上，超越所有法律。它主要的手段就是造成恐懼。對漢娜・鄂蘭而言，極權主義是恐怖統治，即使反對聲音都已經被消滅，還是持續監視每個人。集權主義與專制主義的不同，是否只是由恐怖與恐懼的強度不同所造成？

### b. 思考意識型態的角色

各樣種族主義意識型態或辯證唯物論[1]的主張已經改變了自然與歷史，它們不再是人類生活與行動的堅實土壤，而是演變成失控的力量。不管你願不願意，這些運動穿越並捲動整個人類，每個人都被高掛在勝利的戰車上或是遭巨輪輾過。這些意識型態可以是多樣且複雜的，但我們很驚訝地看到，最終都是以同樣的「法則」出現，並以種族勝利的進程或進步為由，取消掉「個人」。[…]

鄂蘭，《極權主義的本質》，M-l de Launay譯本，Payot，2006，100-101頁。

[1] 馬克思主義對歷史的看法是，歷史在無情的階級鬥爭下前進，直到無產階級革命完成，達到無階級的社會。

1. 對作者來說，為什麼種族主義與相信有歷史終結，是具有極權本質的意識型態？何者可用來區分行為上種族主義的國家，以及帶有種族偏見的國家？
2. 為什麼，且在什麼情況下，所有國家中的主流觀念可以是一種意識型態，卻不會使所有國家都變成極權主義的國家？

## 綜合整理

### 定義

**國家是在明確界定的領土上，有責任保障公共財產（安全、繁榮、正義）的制度。**

提問　**Q1：國家是為所有人服務的嗎？**

癥結　公共利益涵蓋了安全，但也包括正義與繁榮。
對社會契約論的理論家來說，國家僅有在回應公共利益時才具正當性。

答題
方向

與霍布斯不同，盧梭與史賓諾莎認為，自由應擺在安全之前。
「將他們所有的權力與力量託付給一人，或是一個代表大會。」（霍布斯）

引述

「國家的目的是自由。」（史賓諾莎）
「每個人是對全體，而非對任何某個人奉獻自己。」（盧梭）

提問 ── ## Q2：國家如何行使權力？

癥結

國家不一定要遵守道德，它制定法律。它是否在「何謂正當」一事愚弄了人民？
馬基維利認為，即便人民受到欺騙，仍受國家保障。

答題
方向

對馬克思與恩格斯而言，國家是為統治階級服務，透過意識型態維繫政權。
韋伯認為，法治國家是最合理的制度。

引述

「一位君王不一定要具備所有德性 [⋯]，他只需要看起來具備這些德性即可。」（馬基維利）
「成功地壟斷正當（對身體）行使暴力的權利。」（韋伯）

提問 ── ## Q3：社會是否應該限制國家的力量？

癥結

國家必須保持中立（寬容）。社會的角色可能會遇到過度強調或代表不足的危險，因而損害自由的理想。

答題
方向

對洛克、羅爾斯、康德與哈伯瑪斯來說，社會必須確實自由，而國家代表輿論的多元性。一個沒有國家的社會的理想型，要不是建立在捍衛基本的個人自由上，就是建立在群體的力量上。

引述

「行政官員的職責是，藉由公正無私地執行平等的法律，保障所有人，尤其他的每個人民，都能正當擁有生命中的所有事物。」（洛克）
「我們的理性的公共使用必須永遠是自由的。」（康德）

# 5 正義與法律

Q1 合理的不平等是否存在？

Q2 合法的就是對（公正、正當）的嗎？

Q3 法律是強者的工具，或是為了捍衛弱者而存在？

Q4 國家有權決定公民的生死嗎？

▶見本冊的〈國家〉 ▶見第三冊的〈存在與時間〉
▶見第五冊的〈生命〉

正義（司法）：是概念，也是制度

律師在一場訴訟案件中提出證據。

| 一般看法 | 思考之後 |
|---|---|
| 人人都有正義感 | 正義需要法律 |

每個人都自認了解什麼是對的、正義的，什麼是不對、不正義的，好像所有人都應該具有關於對、錯的正義感。正義簡單的形式是以眾所皆知的方式表現：「以眼還眼，以牙還牙。」同樣，當司法機關與這種簡單的想法相牴觸，便令人產生質疑。民間陪審團似乎比大法官更能做出對的判決，對事情的複雜性更敏感，並更關切維護大眾的權利。有時人們甚至草率地作出判決，對程序正義嗤之以鼻，好像正義可以不需要法律。

對正義的感受可能成為孳生不正義與武斷的溫床。事實上，每個人都自認有正義感，卻沒什麼東西比正義感更能牽動著利益與情感（如恨與恐懼）。這也就為什麼，好的正義應該是經過思考且審慎的。法律的角色是根據理性作出正確判斷。法律訂出判決的規則，例如透過證據以證明被告有罪，並在一場公平的訴訟中確保被告的辯護權。法律作為判決的指引，必須藉由區辨是非的判斷力來施行。

# 正義不能忽略法律。但是正義能在法律中完全實踐出來嗎？

## 從定義尋找問題意識

### 定義

> 司法是一種制度，它執行法律，使人遵守法律，並使蒙受不義的受害者獲得補償。正義也是一種德行，要求我們獲取所應得的，並分配給每個人所應得的。

**一種制度**：透過司法機構、法官，正義得以伸張。

**執行法律，使人遵守法律，並使蒙受不義的受害者獲得補償**：正義包括遵守法律與尊重人的合法權益。一個人的合法權益若未受到尊重，就是蒙受不義的受害者。法官則以懲罰違犯其權益的人來伸張正義。

**德行**：正義也是一種公正精神的特質。

**我們獲取所應得的，並分配給每個人所應得的**：一個公正的制度不會藉由損害他人來讓自己獲益，而是以平等的方式對待每個人，但同時也考量到特殊情況，以求公平。

### 定義

> 法律相對於實際發生的事情，代表符合某一規範。我們將它區分為合法性法律（或是實證法律）與道德性法律。

**符合某一規範**：法律是一種規則，為了讓正義能落實在個人或群體之中，法律說明了什麼是可允許的或可要求的。

**合法性法律**：法律建立於法條與法規之上，是一種具有「實證」意義的法律。

**道德性法律**：相較於可判定對錯的法條，在法條所規定的法律之上，有一種理想的法律（或道德性的法律），正義因此必須回應正直良知所認為正當的要求。

## 定義提出什麼問題？

正義或是公正，是公平地給予每個人應得的部分。然而，當我們不去區分功勞的差別時，我們還是對的（公正的）嗎？我們又該以什麼去界定功勞？▶ Q1：合理的不平等是否存在？

法律是對（公正）與不對（不公正）的客觀準則。但是不可混淆權利與法律。權利沒有不公正的問題，因為權利必定符合那些被視為正當的事情。但是，難道法律就沒有不公正的問題嗎？▶ Q2：合法的就是對（公正、正當）的嗎？

法律會變得不公正，是因為法律對正義的要求不夠純粹，法律與權力混淆了。正義必須有權力，才具有法律的力量，人也才會尊重正義。或許，甚至連權利也是強勢者的產物？如果法律不是為了保護弱勢者而訂定，就還不是正義的。▶ Q3：法律是強者的工具，或是為了捍衛弱者而存在？

# 問題思考

—— + ——

COURS

## 關鍵字區分

平等、等同（égalité）／同一、相同（identité）／差異、不同（différence）

同一（相同）：兩個不一樣但相似的東西，擁有相同的特性，具有同樣的關聯性。例如：兩枚一歐元硬幣是同一的。平等（等同）：不同的東西，擁有相同的價值，具有等同的關聯性。例：一枚兩歐元硬幣與兩枚一歐元硬幣是等值（等同）的。差異（不同）：不相似的兩個東西是不同的。例如：一枚一歐元硬幣與一枚一法郎硬幣是不同的。

# Q1：合理的不平等是否存在？

對某些人來說，人生來就是不平等的，公正的社會秩序是個不平等的秩序。然而，如果人們認為人類社會中的正義不應該被視為自然產物，而是來自律法的產物，則會認為人應該要平等。在平等的社會中，要求人與人之間要有全面性的平等難道不會太過極端嗎？我們該如何論證人與人之間不平等的說法？

## 1. 正義是根據每個人的付出而得到應得回報

分配時，正義關乎分配給每個人相同的等分。正義基本上就是平等。但是，財物和所得的份額，必須衡量每個人的功勞與能力，根據比例來分配，這是亞里斯多德所支持的論點（▶見文本閱讀 1-1，107頁）。例如：對所得採累進課稅與比例課稅，比針對家家戶戶都要繳交的增值稅（法國稱之 T. V. A.）來得公正。不過亞里斯多德指出，功勞的概念有待討論。

## 2. 平等必須謹守「公民在法律之前人人平等」

民主認為個體從各個角度來說都是平等的，但是民主是最合理的政治體制嗎？孟德斯鳩似乎不這麼想，他認為民主的平等隱含著敗壞（▶見文本閱讀 1-2，108頁）。對他而言，唯一正當的平等是所有公民在法律之前平等。例如：無論是有錢人或窮人，只要犯罪都該受到同樣處罰。但若每個人都聲稱所有事情都應該與其他人平等，就會陷入一團混亂。

## 3. 民主社會必須追求修補社會的不平等

我們常會以每個人成就的不平等，來合理化社會的不平等，但是個人的不平等很大部分必須歸因於社會與家庭背景，而社會與家庭背景也是不平等的。

羅爾斯（John Rawls）認為，所謂合理的社會不平等（▶見文本閱讀 1-3，109頁）必須具有兩個條件：所有公民要有同樣權利，而且，不平等必須有利於最弱勢。因此公正的社會不會優待最有成就的人，而是修補人因出身而產生的社會不平等，使機會真正平等。例如：學校對（種族、宗教、性別、殘障、社會）系統性歧視所提出的平權計畫，目的在於給予弱勢機會。

# Q2：合法的就是對（公正、正當）的嗎？

似乎對我們來說，不正義的第一種形式就是違犯法律。這表示法律永遠都是對的（公正的）嗎？

## 1. 法律以理性規則做判斷，才使得法律是公正的

「正義」源自於拉丁文「jus」，意為「法」。實際上，正義就是必須符合法律所說與所規定的。若沒有法律，要斷定誰是正當的，會取決於任何人的判斷，如此就不可能做到公正無私。例如：人若脫離法律自行復仇，不但無法修復過錯，反而接著讓自己犯下錯誤。這就是黑格爾的觀點（▶見文本閱讀2-1，109頁）。反過來說，法官援引法律所宣布的判決才能還給受害者公道：合法的就是公正的，因為法律是理性意志的表達。

### 定義

公正無私：不選邊站的特質，沒有任何偏袒。

## 2. 作為公正的正義，有時需要我們暫時放下法律

「符合法律就是公正的」，這句話並不充分，在服從法律時，還得進一步分辨。盲目服從法律可能導致不正義。例如：1940年時，德國施行反猶太法，禁止猶太人從事某項職業，這項法律就是不正義的。梭羅教我們（▶見文本閱讀2-3，111頁），當法律不正義，個人只能憑良心知道什麼是公正的。此時，抵抗法律就成為正當的，即便是在不合法的情況下。正義不是順從法律條文的字面意義，而是尊重該條文的精神。更因為法律是一般性的，為了要公正，必須要考慮到情況的特殊性。正義因此不是建立在平等之上，而是公正之上，這是阿奎那提醒我們的（▶見文本閱讀2-2，110頁）。例如：一個母親為了餵養小孩而偷竊，若法官不處罰她，會被視為是公正。

# Q3：法律是強者的工具，或是為了捍衛弱者而存在？

正義（司法）的象徵是天秤與寶劍，法官的裁決若沒有執行的權力就毫無用處。法律結合了正義與權力。法律是否可以不靠外在力量？

## 1. 法律力求人人平等，而這顛覆了正義的自然秩序

對柏拉圖對話錄的主角之一卡利克勒（Calliclès）來說，自然是正義概念的原型。所謂自然正義，是最強大的人命令最弱小的人、最富有的人支配最貧困的人（▶見文本閱讀3-1，113頁）。卡利克勒認為，法律腐蝕了自然正義，甚至成為不正義的工具，圖利貧弱之人而損害社會的上層階級。法律顛覆了自然力量的關係，而非建立了正義。

### 關鍵字區分

普遍的（universel）/一般的（général）/特殊的（particulier）/個別的（singulier）

普遍的：對所有生物同等適用。一般的：適合絕大多數或在多數情況下。特殊的：某一類中一些未指定的個體。個別的：拿來形容單獨個體專有的。

關鍵字區分

原則（principe）/ 結果（conse-quence）

原則是一種理性論證，或一個道德、社會體系的出發點。相反地，結果則一定是來自某一事件，一種理性論證或行動的結束。

## 2. 法律的正義只是武力的正當化

法律也可以是強者的武器。對巴斯卡（Blaise Pascal）來說（▶見文本閱讀3-2，114頁），人類社會組織的現實原則仍在於武力與統治。正義只會是強者的法律，並將強權正當化。此外，法律會成為強權拿來遮掩暴力的工具，以支撐他們的權力。用正義來統治並無法消除武力的主宰，而是以象徵性暴力替代有形的暴力，而成為秩序的原則。例如：財產法可能會把強者占有的財物變成法律賦予的權利。

## 3. 法律不是強者的工具也不是捍衛弱者

康德的思考很不同（▶見文本閱讀3-3，114頁）。誠然，法律本身被定義為具有強制力並使用武力，但武力是為正義而服務。對康德而言，法律的真正目的，是要讓正義支配。就正義來看，法律的本質是讓每個人的自由與其他人的自由並存，而不正義阻礙了這個原則：所謂不公正的人，就是為了強調自己法律上的權利而侵犯他人的權利。例如：偷竊我財物的人不認為財物是我的，是他的，他的自由因而否定了我的自由。法律限制一個不公正的人，是在否定他的自由，但是，法律正是由此否定人有否認自由的自由。因此，法律強制性的力量便是正義的盟友。所以，是正義的也可以是有力量的。

# Q1：合理的不平等是否存在？

正義就是負起應負之責的德行，不能過多也不能過少。不過，當你用同樣方式對待不同付出與功勞的人，就會顯得不公正。似乎，某些不平等或不公平是值得存在的。但這個「值得」的概念卻是個問題。在民主社會中，如何確保每個人在機會上有真正的平等。

*正義是合乎比例的公平*

**文本閱讀 1-1**

亞里斯多德

亞里斯多德 Aristote
公元前384-322

正義建立在公平上，在過與不及取其中間。公平指的不是絕對嚴格的公平，然而是合乎比例原則的公平：給更值得的人獲得更多是合理的。

既然不公正（不正義）的人是指不公平的人，不公正（不正義）的事情也是不公平的事，很顯然在不公平之間必然存在著某一種「中間點」，這稱作公平。任何存在著過與不及的行動中，都存在著公平。因此，假使說不正義是不公平，正義則是公平。無需其他推論，這道理不言自明。

[…]而關於人與人之間的公平與關於事物與事物之間的公平是同一種公平：因為人與人之間的關係與事物與事物之間的關係是同樣的關係，如果人與人之間的關係不相等，他們得到的東西就不會相等；當兩個關係相等的人受到不相等的分配，或是當兩個關係不相等的人受到相等的分配，就開啟了爭執與訴訟。

從相等所符應的價值來看也會很清楚。所有人都同意公正的分配必須符應於某種價值，儘管他們所認定的價值不同，民主制的支持者所認定的價值是自由，寡頭制的支持者是財富，其他（政體）的支持者是高貴的出身；而貴族制則是德性。

亞里斯多德，《尼各馬可倫理學》，第五卷，第三章，J. Tricot譯本，Vrin，1959，頁227-228，參照希臘文校訂。

**定義**

寡頭政治是由富人所掌握的政治權力系統。

**定義**

貴族政治是由最有德行的人與最有能力的人掌握政治權力的系統。

## 理解命題的論據 —— 文本閱讀 1-1

**命題**：人們同意，正義是建立在合乎比例的公平之上。

**論據一**：不義之人拿取的比應得的還多，或是付出的比該付出的還少。正義是不義的反面，建立於公平之上，介於超過與不足之間。

▶ Q：對你而言，負太少責任的人，與那些負過多責任的人，兩者是否一樣不公正？

**論據二**：對事如同對人，公平指的是合乎比例原則的公平：一樣的人，抱怨受到不公平對待；不一樣的人，又不滿獲得相同對待。▶ Q：對民主主義者來說，是否能接受所有人不都是平等的？

**論據三**：為求公正，必須根據比例來權衡個人的價值與他獲得的權利與財物。分歧是來自不同價值觀之間的對立。
▶ Q：我們可以訴諸財富或是出身，來判定人是否值得獲得某種權利或財物嗎？

**文本閱讀1-2**

孟德斯鳩

孟德斯鳩 Montesquieu
1711-1776

*一切都平等的危險*

　　《論法的精神》指出奠基於公民平等原則的民主是如何敗壞的，不論是失去了平等的精神，或是變得極端平等。這個敗壞的過程會發生在人民以平等之名否定政府與一切階級。

　　民主原則的敗壞不僅發生在人們失去平等精神，還會發生在人們採取了極端平等的精神，以及每個人還想要與所選出指揮自己的人平起平坐。在這種情形下，儘管領導者的權力是來自人民的委託，當人民無法繼續忍受，他們便想全部自己來，代替議會進行審議，代替行政官員執行，代替法官判決。

　　共和國內的效能蕩然無存。[…]

　　真正平等精神與極端平等精神之間差距甚大。真正的平等精神並不是讓所有人去指揮，不是無需聽命他人，而是要讓人能服從於並可指揮和他一樣平等之人。這種精神不是不要主人，而要將與其同等之人當作主人。

　　在自然狀態中，人們生而平等，但他們卻無法長期如此存在。社會使他們喪失平等，他們只能透過法律才能重獲平等。

　　規範的民主與混亂的民主的差別就在此。對前者而言，只有身為公民身分才是平等；而另一種（後者）的情況，則把身為行政官、議員、法官、父親、丈夫、主人，都當作是平等的。

孟德斯鳩，《論法的精神》，第八章，第二節與第三節，
「GF」系列，Flammarion，1979，243-246頁。

1｜什麼是「極端」平等？

2｜你如何理解「這種（真正平等的）精神不是不要主人，而要將與其同等之人當作主人」？這句話本身難道不互相矛盾嗎？

政府是人民的主人還是僕人？

文本閱讀 1-3

羅爾斯

約翰・羅爾斯 John Rawls
1921-2002

一個民主社會不能僅是給予公民基本平等的權利（意見、表達自由、投票權），只有當「不平等」是有利於最弱勢的人，以及不平等分配能夠補償有貢獻的人時，才能接受這些「不平等」。

　　我認為初始狀態下的人會選擇兩個相當不同的原則。第一個原則要求基本權利與義務的平等分配。而第二個原則主張，社會經濟上的不平等（例如財富與權力的不平等）分配，只有用在補償每個人，特別是補償社會最弱勢成員的時候，才會是正義的。[…]

　　我們可以看到，差異原則為補償原則的考量提供了一些支持力道。補償原則主張，我們要補償不應得的不平等，既然出身與天賦的不平等不是個人應得的，這些不平等應有所補償。因此補償原則主張，若要平等對待每個人，就要提供真正的機會平等，社會應該更關切那些天賦貧乏的人，以及出身於較不利社會處境的人。這個想法是要朝著平等的方向，修正偶然條件¹造成的偏頗。為了實現這個原則，人們應當將更多教育資源用在較不聰慧的人身上，而非更聰明的人（至少是在某個時期，例如在初期受教育的階段）。

｜｜偶然性：偶然（巧合）的同義詞，例如：我們偶然出生於一個境遇較好或不好的家庭中。

　　　　羅爾斯，《正義論》，1971，C. Audard譯本，Seuil，1987，41與131頁。參照英文校訂。

### 從文本到論證——文本閱讀 1-1、1-2、1-3
閱讀完這些文本後，請回答如下問題：「合理的不平等是否存在？」你可先回答下述問題，來幫助你作答：
- 是否有理由不賦予所有人基本權利？
- 正義是否要求賦予所有人同等的社會地位？

## Q2：合法的就是對（公正、正當）的嗎？

**法律對正義是不可或缺的，但也有所限制。法律本身或太過機械化的執行過程，就可能是不正義的。這種情況下，不服從法律便具正當性。正義的精神不能只化約為合法性。**

文本閱讀 2-1

黑格爾

費德利希・黑格爾
George Wihelm Friedrich Hegel
1770-1831

　　作者指出，那些想用自己的權利、想透過報復來彌補受到的不義，卻演變成自己做出不義的事。為了伸張正義，就得由法官運用法律進行宣判。

報復與懲罰不同，在於一個是由受侵害一方的作為得到補償，而另一個是經由法官裁定得到補償。因此，補償必須以懲罰的名義來進行，因為在報復行為中，情感會起一定作用，進而干擾了法律。再加上報復並非法律的正當形式，是具任意性的，因為受侵害的一方會受情緒影響或是根據主觀而變動。同樣，當法律以報復的形式呈現，它本身就變成一種新的侵犯，讓人覺得這只是一種個人行為，將不可彌補地[1]並永無止境地產生新的報復行為。

> | 1 | 罪行從來就不是能彌補的。

黑格爾，《哲學預備教育》，M. de Gandillac 譯本，
「Arguments」系列，Les editions de Minuit 出版，1963，45 頁。

## 關鍵字區分

**主觀（subjectif）/ 客觀（objectif）**

主觀表示屬於某個主體，某個人的觀點。客觀是用來形容不帶情感的人，公正無私地做出判斷。裁判兼球員，是不可能客觀的。

Q：基於什麼因素，復仇會變成無限的循環？
Q：法律的合理性特質包括什麼？
Q：什麼情況下，懲罰不是復仇？

---

**文本閱讀 2-2**

阿奎那

多馬斯・阿奎那 Thomas d'Aquin
1225-1274

### 不遵守法律也可能是正當的

多數情況下，嚴格執行法律是正當的。不過運用法律時必須要有區辨能力，要能考量特殊情況。

## 定義

公正是給予每個人應得的部分，同時在判斷中考慮到特殊情況的特質。

由於法律所涉及的人類行為，是關於無數個千變萬化的個別偶然情況，所以永遠不可能定出毫無疏漏的法律規則。立法者在制定法律時，會關注最常發生的事。然而，在某些情況，會發現法條違反正義的平等，違反法律所關注的公共利益。因此，法律規定要歸還別人寄存的東西，因為在大多數的情形下，這是公正的。可是，有時候這可能是有害的，例如：有個瘋子寄存了一把劍，而他要求把劍還給他的時候，人正好在發狂。或是例如有人要求把他寄存的一些劍還給他，好用來攻擊祖國。在這些以及其他類似的情形下，墨守法律條文是不對的，更好的做法是要越過這些法律的文字，而遵從正義和公共之善的要求。這就是公正 [⋯] 運用之處。這就是為什麼公正是一種德性。[⋯] 公正並不是絕對或全然不顧被視為對的事情，而是不拘泥於法律文字表面所定義的正義。公正也並不是嚴格執行的相反，因為嚴格執行只在應該遵循的情形下，才忠實地遵循法律。在不應該遵循的情形下，仍墨守法律的文字，而這是應該要加以譴責的。為此，《查士丁尼法典》在〈論國君的法律及憲章〉裡說：「若有誰僅僅只是遵循法律的文字，而意圖反對法律的用意或精神，那無疑是在冒犯法律。」這樣評判法律，固然是指法律定的不好，不過，說到在某種特殊情形下不應該遵守法律的文字，這並不是評斷法律，而是評斷發生的某一

特殊事件。

阿奎那，《神學大全》，II-II，問題120，第一題，Les Éditions du Cerf，1985，717頁。

## 理解命題的論據——文本閱讀2-2

**命題**：人類的行為是自由的，也因此是不規律且無法預測的。然而，法律具有一般性，它也無法預見所有情況。因此，某些嚴格執法的情況是否可能是不公正的？

**論據一**：在瘋子或是叛徒寄存寶劍的例子：根據法律必須歸還寄存品，但是將寶劍還給他們，可能危害公共利益而且是不正義的。

**論據二**：公正是對那些忠於法律精神而非法條字面意義之人，對其**德行的稱呼**。但如果有必要，他們可以不服從法律。

**論據三**：公正並不違背合法的正義，法律不是問題所在。簡單說，公正是讓法律合理執行的必要德行。

**確實理解了嗎？** 根據阿奎那所區分的公正與合法的正義，對於你而言，是否可以從中得出不服從法律的合理原則。

**關鍵字區分**

正當的（légitime）/ 合法的（légal）

正當的相對於合法的，如同道德規範下的正義相對於國家所實行的法律正義。例如：古希臘悲劇《安提戈涅》中，儘管法律規定禁止將叛國者玻里尼斯（Polynice）下葬，安蒂岡妮（Antigone）仍認為埋葬她哥哥是正當的。

*遵守法律前先傾聽自己的良心*

**文本閱讀 2-3**

梭羅

亨利・大衛・梭羅
Henry David Thoreau
1817-1862

美國哲學家梭羅設下了公民正當抵抗法律權力的原則。當法律是不義的，公民永遠應該按照自己的良心去反對，對於個人而言，良心是正義的最終參照基點。

說到底，權力若握在人民的手上，多數的一方便得以執政並持續保有權力，並非因為多數的一方最可能是正當有理的，也不是因為這似乎對少數比較公平，而是多數的一方實際上是最強而有力的。然而，無論人們如何理解正義，由多數一方執政的政府並不盡然奠基於正義之上。難道不存在一個政府，裡頭實際決斷是非的不是多數派，而是良知嗎？在這個政府裡，多數派處理的問題，只能根據權宜[1]來決定哪種手段較為適當？公民一定要，哪怕是片刻或最低限度，將自己的良知交給立法者嗎？那麼，為什麼每個人還得具備良心呢？我認為我們首先要成為人，再作一國之臣民。對正當權利的尊重優先於對法律的尊重。我唯一有權承擔的義務，是在任何時刻，做我認為正當的事。人們說道，群體是沒有良心的，這話的確有理。然而，由一群正直的人所組成的團體會是一個有良心的群體。法律不曾使人變得更加公正一點，反而讓即使善良的人，因為虔敬地墨守法律而漸漸淪為不義的幫凶。

1 | 權宜性規則是一種機會性規則：多數只需要決定最有利與最有用的事情，而不是最好與最公正的事物。

梭羅，《公民不服從》，1894，G. Villeneuve，Mille et une nuits出版社，1996，11-12頁，參照英文校訂。

| 圖為馬丁・路德・金恩博士（Martin Luther King）在1963年8月28日一場前往華盛頓的遊行途中。這是一場為了捍衛工作與自由的遊行。當天，他發表了知名演說「我有一個夢」。

Q：法律表現多數人的意志，這樣是對還是錯？
Q：即使服從法律，是否仍不應該卸下我們個人的道德責任？

### 從文本到論證—— 文本閱讀2-1、2-2、2-3

　　讀完前幾篇文本，回答如下命題：「不遵守法律可能是對的嗎？」針對「正當地不遵守法律」這弔詭的概念，提出問題。接著請提出一份與義務有關的大綱，分不同論點，首先是找出支持國家所賦予某人的權利卻違背其個人良知的論點，然後再予以反駁。最後，在第三部分，試著去區分法律層面與道德層面，同時自問，在什麼程度上，服從法律時，應該要聽從那些對我們來說在道德上是適當的。

## Q3：法律是強者的工具，或是為了捍衛弱者而存在？

法律對誰有利？在人與人的關係中，法律可能呈現出由力量大小來支配的樣貌。然而，法律自身的力量難道無法建立出對所有人都有利的普遍性規則？法律是否也能成為面對不義暴力的必要手段？

## 法律是弱者對抗強者的工具

文本閱讀3-1

柏拉圖

柏拉圖 Platon
公元前427-347

對卡利克勒（Calliclès）來說，法律的正義若是為了有利於弱者而建立，那就是顛覆了真正的正義。他認為，真正正義的模型來自於大自然，在這階段，沒有任何人為的平等可以阻礙強者統治弱者。卡利克勒是柏拉圖對話錄中的主角，柏拉圖卻不贊同他的意見。

卡利克勒：若某人說話符合法律習俗，你就從是否符合自然本性對他提出質疑，但若他符合自然本性來說話，你又要和他講法律習俗。方才討論的情形就是如此，當你們提到作惡與忍受惡行時，波洛斯援引法律習俗向你提出更可恥的事，你便訴諸自然本性糾纏著他，彷彿那是自然本性！實際上，自然秩序中，最可恥的也是最壞的，就是忍受不正義；就法律習俗而言，就是犯下不義之事。人若處在必須忍受不正義的情況下，就不是人，而是奴隸。對於奴隸而言，當人們對他不公平或侮辱他，他無法幫助自己或是幫助對他重要的人，與其活著不如去死。然而，我認為，定下法律習俗的人是弱者，是大多數人。因為這些弱者按照自己的需要與自身的利益來定下這些法律習俗，給予讚賞或施予懲戒。他們想嚇阻那些擁有更多的強者，這樣那些強者才不敢奢求更多。弱者說可恥和不正義就是妄圖更多。奢求比他人擁有更多更多，就是行不義之事。因為，當這些弱者與這些強者看起來是平等時，弱者就會自鳴得意，但我認為，其實他們是低下的。

而當人們說比大多數人擁有更多是可恥、是不正義的時候，這是種符合法律習俗的說法。但我認為，自然本身所顯示的卻是，正義就是強者比弱者擁有的多，而且有能力者比無能者擁有的多。這是自然時常展示的規律，在所有的物種、人種與所有城邦，所有地方都這樣！當強者統治弱者，且擁有更多，這才是正義特徵。(483a3-d6)

柏拉圖，《高爾吉亞篇》，M. Canto-Sperber譯本，
Flammarion「GF」系列，14-215頁；參照希臘文校訂。

### 理解命題的論據──文本閱讀3-1

**命題**：真正的正義是建立在最強者掌控最弱者，且前者比後者擁有的還多。

**論據一**：法律所定義的正義是違反自然的。法律的正義所教導的是，強者天生就要行使支配權是不對的。

**論據二**：合法的正義是為大眾弱者所建立，是他們共同拿來支配比他們優秀的人，並與他們平等的工具。

**論據三**：真正的正義需要遵循自然的教誨，它教導我們正義是隱含在「事物的秩序」裡，是由最強者支配最弱者。

**確實理解了嗎？**自然是否應該作為人類社會的典範？

文本閱讀 3-2

巴斯卡

布萊茲・巴斯卡 Blaise Pascal
1623-1662

## 正義是最強者的法律

正義是一種德行，一種精神狀態。正義在這個世界上被視為挑戰了惡、挑戰了不義的存在。正義之人應該要強大，但他們卻可能在面對不義時是無力的。因此，這也是為什麼強者會宣稱帶著寶劍（力量）的權利是對的。

正義，就是力量。

遵循正義的事物是對的；遵循最強大的力量是必須的。正義若缺了力量就無用武之地；力量若缺了正義就是暴虐。

正義若缺了力量就會遭人反對，因為壞人永遠都在；力量若缺了正義就會遭受譴責。要將正義與力量結合在一起，就必須使公正的變得有力量，而有力量應該要符合公正。

正義會有爭辯，力量卻容易辨識，且沒有爭論餘地。因此，我們無法賦予正義力量，因為力量會反駁正義，會說正義是不公正的，然後說自己才是公正的。

所以，既然我們無法使正義變得強大，我們只好將力量變成正義的。

巴斯卡，《沉思錄》，第94項思考，M. Le Guern出版，「Folio Classique」系列，101-102頁。

| 這個雕塑作品的主題是正義的寓意。天平象徵公正，寶劍則象徵力量。

文本閱讀 3-3

康德

伊曼努爾・康德 Emmanuel Kant
1724-1804

## 法律具有強制性

康德指出，法律本身結合了正義與力量：法律的目的是限制，與存在於良心之中的道德不同。然而，法律限制的力量是要為正義服務：法律不是為弱者或強者而定，而是要規範自由與平等之人彼此間的關係。

去抵擋與某一個作用相對立的阻礙[1]，是在促進此作用並與這個作用一致。因而，根據普世法則，一切的不正當都是對自由的阻礙。但是，強制會是一種加諸在自由之上的阻礙或反抗。因此，如果某些自由在運用之時，阻礙了普遍法則意義下的自由（也就是不正當的），那麼，與之相對立的強制，就阻止了對自由的阻礙，而與普遍法則意義下的自由一致（也就是正當的）。所以，按照矛盾律，與法權相連接的同時，會有一種強制的中斷法權的權限。

康德，《道德形上學—法權論》，1796，A. Philonenko翻譯，Vrin，1979，105-106頁，參照德文校訂。

| | 表示阻止某事的實現，特別是阻礙自由。

### 關鍵字區分

強制（contrainte）/ 義務（obligation）

強制是對自由的阻礙。例如：法官可以強制我償還我的債務。反之，義務則來自於內在且自由的動機。例如：我保證履行我的承諾。

**理解命題的論據 —— 文本閱讀3-3**

**命題：**「強制」因對立於「與自由相對立的事物」，而成為法律的一部分，目的是為了伸張正義，並使人能夠與自己和他人的自由意志共同存在。

**論據一：**邏輯原則：舉凡對立於某對立之事物，便等同於該事物。

**論據二：**抽象原則的確立：不正義的人施行自身權利時，卻阻礙了他人權利。強制力本身就是要阻礙這種自由。

**論據三：**必須去區別不正義者的意志對正義的阻礙，還有對這種阻礙的阻礙，後者形成法律本身的強制性。因此，法律的強制性並不違反普遍性的自由，而是違反了不正義者任意的自由，這便是否定對法律的否定。強制性是與法律有關連的。

**確實理解了嗎？**從這個分析看來，所有的限制行為都與自由相對立嗎？

# 長 文 閱 讀

TEXTES LONG

讓－雅克·盧梭,《社會契約論》,
第一卷,第五、六、七章

| 盧梭《社會契約論》初版的首卷插圖,阿姆斯特丹,1762。

## 口試

### 國家權力正當性的來源為何?

#### 1. 國家的權力必須建立在契約上

國家權威束縛了我們的自由,它的法律約束了我們的行為。但是,是什麼使國家的權威可以被接受?根據盧梭的看法,這是因為國家成功將武力轉化為法律,才使得我們承認國家有權利可以統治我們,也讓我們承認我們有服從國家的義務。但什麼可以將武力轉換成法律呢?所有國家都有法律的形式,可制定法律並伸張正義,即便是獨裁國家也是如此。武力無法賦予自己任何權利,沒有任何人天生比其他人優越。必須要試想,人們之所以願意放棄與生俱來的自由,並服從國家的法律,是因為有某些條件,就如同契約的關係一樣。

#### 2. 一個有自由且平等的公民的共和國,是唯一具有權力正當性的國家

《社會契約論》的第一卷,包含了契約樣式,這個契約是國家正當權力的基礎。透過契約,若人們還服從於國王的保護權

威之下，就顯得矛盾：沒有任何事物，即便是基於安全考量，能補償人對自由的放棄。人們只能相互結合。這也是為什麼他們組成人民，同時也將個人主權讓渡給人民，他們自此也是其中的一分子。不過，這個人民僅是社會的整體成員，只會顧及整體利益，共和國（根據社會契約，這是唯一正當的政權的名字）的組成也因此是為了保障成員的安全，並確保他們的自由。公民確實失去了天性的自由，但這是為了獲取公民的政治自由。由此可見，所有公民在法律之前的權利都相同，也是平等的。

*作品介紹*

**長文閱讀**
——
盧梭

讓·雅克·盧梭
Jean-Jacques Rousseau
1712-1778

　　《社會契約論》是盧梭於 1762 年所發表的主要著作。他提出了如下問題：政權在什麼情況下是正當的？要回覆這個問題，得從政治社會的形成本身來推導：這個社會只能來自於個人自由且平等的結合，只接受服從法律的權威。這本政治哲學的書，強烈抨擊君主制度，對法國大革命產生巨大影響。

## 第五章　永遠必須回溯到最初的約定

　　若要我接受上述我所反駁的一切，君主專制的擁護者還是無法往前推進。讓群眾服從與管理社會之間，永遠存在著巨大的差異。儘管分散四處的人們相繼受到某一個人的奴役，無論他們人數有多少，我看到的就只有一個主人與一群奴隸，而不是人民與領袖。也可以這麼說，這只是聚集在一起，但不是結合在一起。他們之間沒有共同利益、沒有政治體。就算這個人奴役了半個世界，仍然還是一個個別的人。他的利益與別人全然不相干，永遠只是個人私益。若是他遭受滅亡，他的帝國也會隨著他的分裂而瓦解，如同一棵遭受火噬的橡樹，將解體而化成一堆灰燼。

> 只有社會契約才可賦予主權者正當性。

> 成員若只是單純集結在一起，就不具整體性。

　　格老秀斯 (Grotius) 說，人民可以將自己獻給一位國王。按格老秀斯的說法，人民在將自己獻給國王之前，本來就是人民。這奉送的行為本身就是一種公眾的政治行為；這指涉了一種公共審議決定。因此，在檢視人民選出國王的行為之前，最好先檢視人民是透過什麼行為而成為人民。因為這一行為必須先於其他行為，而構成社會的真正基礎。

> 契約的締造不能是一份服從的契約，讓人民效忠國王。

　　事實上，若沒有先前的約定，除非選舉是全體無異議通過，那麼少數應該服從多數的選擇這個規定從何而來呢？還有，同意某一主人的一百位個人，怎麼有權利為不同意的那十個人投票？法律多數決

> 人民首先必須透過結合的條約，建立起一個政治體。

定的規範，就是一種約定的建立，並假設至少有一次是全體無異議通過。

## 第六章　論社會條約

我假設人類曾經在自然狀態[1]的某個時刻，出現了不利於自我保存的種種障礙，這些障礙超過每個人為了在這種狀態下繼續生存所能使用的力量。因而，這種原始狀態無法繼續存在；而人類若不改變生活方式，就可能會滅亡。

不過，既然人類無法產生新的力量，就只能結合並運用本身既有的力量。他們把大家的力量聚集起來，在同一個動力的推動下，並一致行動，才能戰勝阻礙，否則沒有其他辦法可以自我保存。

這些力量的總和必須來自多方的合作，但每個人的力量與自由是其自我保存的主要手段，他該如何加入集體的大力量，卻又不損害也不忽略自己應有的照顧呢？這一困難就回到我想表達的主題，可以用以下的話來說：

「找到一種結合的形式，能用一切共同的力量捍衛並保護每個結合者的人身和財產，而透過這種形式的結合，個人與全體結合，卻只是服從於他自己，並如同往常一樣自由。」這就是社會契約就這根本問題提出的解答。

由於這份社會契約的條款被本身的性質所決定，因此就算是最微小的更動也會使它變得無用且無效；因而，儘管這條約從來未受到正式宣告，卻是普世皆同，四處都受到默認與公認的，這份社會條約，一旦被破壞，每個人就重新恢復自己原有的權利，重新取回他之前因約定自由而放棄的天生自由。

這些已約定好的條款可以用一句話做總結──每位結合者將自身的一切權利都讓渡給整個共同體。因為，首先，當每個人將自己所有都奉獻出來，這個條件對所有人都相等，這樣，就沒有人會創造讓他人難以忍受的條件。

其次，權利讓渡是毫不保留的，結合也會盡可能完美，任何結合者就不會有更多要求。因為，假如個人保留了某些權利，個人與公眾之間沒有任何共同的上級來裁決，每個人在某些事情上，又有自己的判斷，很快就會認為所有事都該由自己作主。如此一來，自然狀態就會持續下去，而結合就必然會變成暴虐或無效的。

最後，每個人是向全體奉獻出自己，而不是交給了某個人。因為，從每一位結合者那裡，每個人都可以同樣獲得自己向結合者所讓出的權利，因此，每個人可獲得他所有失去的等價物，以及獲得保護自己所有的更大力量。

因此，我們若排除社會條約中非其本質的部分，就會簡化成如下的詞句：「我們每個人都將自己的人身與自己所有的力量放在普遍意

---

[1] 自然狀態：此狀態下，假設人類在屈服於某個政治權威之前所過的生活。

待解決的問題：保障安全，但同時保全自由。

「默認」表示無須言明。

每個人讓渡或放棄其天生的主權給予共同體，然後共同體才變成主權者。

條件必須對所有人都一樣的。

志（也翻譯為「公共意志」、「或簡稱為公意」）的最高指導之下，並且接受在共同體之中，每位成員都是整體不可分割的一部分。」

　　只是這結合的行為，一下就變成了道德與集體的共同體，而每位締約者不再是一個個單獨的個人，組成共同體的成員人數就等同組成議會的票數，這個共同體透過這一行為就有了統一性，有共同的「自我」，也有生命和意志。這個公共人格，從前被稱作「城邦」，現在則稱為「共和國」或是「政治體」，當它是被動時，其成員稱之為「國家」；而當它處於主動時，則稱它為「主權者」，當它與其他同類相比較時，人們稱它為「政權」。至於結合者，他們的共同體就被稱作「人民」，當他們是主權的參與者，被特別稱之為「公民」；服從國家法律時，則被稱為「臣民」。但這些名詞常被混淆，相互替代。當這些詞需要被精確使用時，我們只要了解該如何區別就可以了。

> 公民是主權意義的人民的所屬成員，只服從法律。

> 具有正當性的國家：共和國。

## 第七章　論主權者

　　從第六章的這個表述我們可以看出，結合的行為包含公眾與個人間的互相約定，所以也可以說每個人是與自己締約，而處於一種雙重關係中：即，對個人而言，他就如同主權者的一員；而對主權者來說，他就是國家的一員。但在這裡我們不能引用民法的一條準則，就是任何人都無須遵守他和自己所訂的約定，因為個人跟自己訂約與個人和全體（自己也是其中一部分的全體）訂約，兩者之間有著很大的差異。

> 每個個人都將自身的主權交付給一個「組織」，他們也都身為其組織中一員。

　　還必須要指出，公共的決議可以使所有人服從主權者，因為每個人都必須要考慮到這兩種不同的關係的制約，但不能夠以相反的理由來要求主權者服從自己。因此，主權者如果對自己訂定一條自身不能違犯的法律，這有違政治共同體的本性。若只能用這唯一與同樣的關係來思考，每個人與自己訂約的情況也是如此，由此可知，沒有，也不可能有任何一種根本且強制的法律來約束人民共同體，就連社會契約也做不到。這並非說，這個共同體在不損害這個契約之下不能與他人訂約，因為對外而言，這個共同體是一個單純的存在，一個個體。

> 人民的主權是否應該屈服於一條基本法律之下？

　　但是政治共同體或是主權者，只能從契約的神聖性獲得其存在，不能自己做出與這原初行為相牴觸的事，縱然是面對他人，也不能做，例如轉讓自己的一部分或臣服於另一個主權者。主權者破壞它賴以存在的契約，等同消滅自己；自己不存在，就什麼事也不能做了。

　　這群人一旦結合成為一個共同體後，侵犯共同體的其中一位成員，就不可能不傷害整個共同體。而且，只要對共同體有一點點侵害，共同體的成員就不可能不受到任何影響。因此，義務與利益將迫使締約雙方必須互相幫助：同樣地，在這種雙重關係之下，人們必須力求將一切的利益都結合在一起。

在一個共和國（國家）內的公民，他們是否需要有能反對國家權力的保證呢？▶

　　再說，主權者本就由個別的人所組成，不會也不可能有與個別成員利益相反的利益；因此，主權者的權力無需對其臣民提供任何保證，因為共同體不可能想要危害任何成員。此後，我們還會看到，共同體不可能危害任何個別的人。主權者正是由於是主權者，便永遠必須維持他該有的樣子。

　　但臣民對主權者的關係卻非如此，儘管他們擁有共同的利益，若主權者無法找到使其臣民對其效忠的辦法，就無法使臣民履行他們的承諾。

公民可以享有權利但不盡義務嗎？▶

　　實際上，身為人的每個個人都具有一種特別的意志，與身為公民所具有的普遍意志相反或是有區別。對他而言，個人的利益可能完全不同於公共利益。他絕對的存在，天生就是獨立的，可能使他將公共的共同行動看作是無償的貢獻，認為不做這種貢獻，對他人造成的損失將小於自己因做出這種貢獻而對自己帶來的負擔。他將構成國家的道德人格視為一種理性的存在，因為它並不是人，他於是只享受公民的權利，而不去承擔身為臣民的責任。這種不公正繼續下去，將造成政治共同體的毀滅。

當共和國（國家）強迫其公民服從，它並不是在壓迫他們，而是「強迫他們必須自由」。請問你如何理解這個矛盾？▶

　　因此，為了不讓社會契約只是徒具虛文，它默許了這個約定，也只有這約定才能讓其他約定具有效力，也就是，任何拒絕服從普遍意志的人，整個共同體必要要強制他服從。這就好比人們強迫他必須自由，就是這個條件，可以確保每位公民在交給國家（祖國）時，不用依賴任何人，也是政治機器得以運作的條件，唯獨這個條件才使得社會約定具有正當性。若沒有這條件，任何社會約定就會顯得荒謬、暴虐並遭受到極度的濫用。

盧梭，《社會契約論》，1792，第一卷，第5、6、7章。「Classiques Hachette」系列，21-29頁。

**口試回答**
1. 君主制難道不能是正義的嗎？
2. 你是否與盧梭一樣，認為共和國不能侵犯公民的權利？
3. 多數人贊成，一定是公正的嗎？難道不該反過來尊重少數的權利？

# Q4：國家是否有權決定公民的生死？

▶見本冊的〈國家〉　▶見第三冊的〈存在與時間〉　▶見第五冊的〈生命〉

今天，掌握主權的是國家，國家擁有使公民遵守法律的必要力量，也因此，當公民犯法、犯輕罪或重罪時，國家有懲罰他們的權利。但這權利包括處死他們嗎？

| 傑克-路易‧大衛（Jacques Louis David），《1789年6月20日網球廳宣示》，18世紀，油畫（65 × 88 公分），巴黎卡納瓦雷博物館。

## 1. 死刑並非國家主權的權利

18世紀中葉，義大利哲學家貝卡利亞（Cesare Beccaria, 1738-1794）寫了一篇論文反對死刑，引發許多迴響。貝卡利亞代表啟蒙時代的精神，開啟廢死的哲學主張。雨果（Victor Hugo）也以主張相同訴求而出名。貝卡利亞指出，若依照社會契約理論，君王與法律的權力來自公民意志（▶見文本閱讀4-1，122頁），那麼死刑便不具任何基礎。因而，沒有任何公民應該放棄自己生的權利而交給國家或立法者決定。

## 2. 社會有權處死公民

同樣的社會契約論，盧梭卻能拿來支持完全相反的論點：對他而言，處死公民是主權者的特權。事實上，身為國家的公民，我們的生命就不是簡單的生物性存在，而是具有政治意義。由於國家，我們得以生存，也因此，我們必須同意以我們的生命作為交換，使國家得以續存。國家就是依據相同的權利，要求國民冒著生命危險去打仗，而且它可以因為某個國民成了社會的敵人，而將他處死（▶見文本閱讀4-2，123頁）。至於個人，身為社會一分子，也應該同意為了讓這個保障他們生命的社會能夠續存而交出自己生命。事實上，國民並不是直接將生死的權利讓渡給國家。他們制定一個機制，以保證國家的存活，並接受重罪犯的死刑，將之作為確保整體社會生命的手段。

### 3. 與其處死不如管控生命

對傅柯而言，主權從根本上改變了：生或死的權利曾經是主權者（指君王）古老及傳統特權的一部分。不過，從17世紀開始，尤其是18世紀，發生了重大變動：權力比較感興趣的是掌控與管理生命，而不再是行使與展現將人處死的權力。傅柯因此稱之為「生命權力」(le biopouvoir)。這才是死刑變得越來越可憎和令人感到可恥的原因，而非源於人道關懷的提升（▶見文本閱讀4-3，123頁）。

**文本閱讀 4-1**

貝卡利亞

西薩爾·貝卡利亞 Cesare Beccaria
1738-17944

*沒有人可以把殺自己的權利讓渡給他人*

貝卡利亞指出，主權者（君王）對臣民或公民的生死沒有任何權利，因為後者這些人對自己也沒有這樣的權利，而即使他們擁有這項權利，他們也不能將這權利轉讓給自己以外的人。死刑是排除在社會契約之外的。

人類憑藉什麼權利來殺害自己的同類？這權利當然不是讓主權和法律得以存在的權利。主權和法律只是每個個人所讓出的一小部分自由的總和，代表的是個人意志所結合起來的普遍意志。不過，到底誰會將剝奪自己生命的權利讓渡給他人？怎麼解釋每個人所做出的最小自由的犧牲，還包括了價值更勝於所有財產的生命？如果真是這樣，這個原則與不允許人自殺，兩者又該如何調和？既然人沒有這項權利，他如何能將這「沒有的權利」賦予他人或社會？

貝卡利亞，《犯罪與刑罰》，1764，Flammarion，「GF」系列，126頁。

| 面對著法國國會的斷頭台。擷取自保羅·伊利柏（Paul Iribe）繪畫集——《我們說法文》（Parlons français），1934。

**理解命題的論據——文本閱讀4-1**

**命題：**主權者對其臣民沒有生殺的權利。

**論據一：**是否存在所謂處死人的權利？這樣的權利不來自作為主權基礎的權利，也不能有法律效力。

**論據二：**法律來自所有個體的意志，他們為了公共利益讓出一些自由。但沒有人同意因此犧牲生命。

**論據三：**假設社會契約可以賦予死刑正當性的基礎，但社會契約中也包含一個與之對立的原則，即否定人類有自殺權利的宗教原則。我們無法將一個連自己都沒有的權利讓渡給他人。因此，沒有任何政權或宗教依據可以支持死刑存在。

**確實理解了嗎？**根據貝卡利亞的推論，社會契約是否能合理化國家要求國民冒生命危險去打仗的說法？

## 公民的生命是國家有條件的贈禮

文本閱讀 4-2

盧梭

讓・雅克・盧梭
Jean-Jacques Rousseau
1712-1778

盧梭透過推論將死刑合理化：欲達目的，就要用盡手段。沒有人想死，也沒人直接賦予國家把自己殺死的權利。但公民賦予國家可以使用一切手段的權利，去達成國家之所以建立的目的：確保成員的生命。當公民變成社會的威脅時，他已經默許自己被處以死刑。

有人問，既然個人沒有處置自己生命的權利，又怎麼可能將他自己都沒有的權利讓渡給主權者呢？這個問題我難以回答，是因為這是個錯誤的提問。每個人都有權冒生命危險以保全自己的生命。難道我們會說一個跳窗逃離火災的人是犯了自殺罪？[…]社會條約是為了要保全社會成員。要達成目的，就要使用手段，而這些手段也必須冒點險，甚至面臨一些損失。若有人想依靠他人來保全自己的性命，就得在必要時為別人犧牲，把自己的生命交出去。不過，公民也無法自行判定法律要求他去冒的險，而當政府說：「國家需要你死。」他就必須死。正是因為這樣的條件，才使得他一直安全活到現在。他的生命就不再只是單純的自然恩賜，而是國家有條件的贈禮。

我們也大致可用相同的觀點來看待對罪犯執行死刑：是因為不願成為凶手的受害者，人們才會同意，若自己成為凶手就得被處死。這個條約中，人們絕對不是要結束自己的生命，而是希望生命獲得保障。我們不能假設人們在締約之際，就預先想到自己會被吊死。

盧梭，《社會契約論》，第二卷，第5章，Hachette 經典系列，49頁。

Q：盧梭如何證明，根據社會契約，擁有主權的國民可以接受死刑？

Q：對你而言，戰爭與死刑之間的對照有道理嗎？

## 從處死的權利，到讓人活下來的權力

文本閱讀 4-3

傅柯

米歇爾・傅柯 Michel Foucault
1926-1984

在這段文本中，傅柯分析了 17 世紀以來，影響君王權力的變化。主權的核心，透過整個知識體系與權力以進行人口控制、對身體的規訓。死刑與其公開展示卻反而受到壓抑。

長久以來，最高權力的特性之一，就是掌握生與死的權利。或許，這是源自古老的「patria potestas」(拉丁文，意為「父權」或「家長權」)，羅馬家庭中的父親因此有權利去操控兒女生命，一如操控奴隸生命。就像父親給予了子女生命，也因此可以剝奪子女生命。古典理論家所提出生與死的權利，其形式已經大幅縮小範圍。從君王到臣民都不再認為有人能夠絕對且無條件地行使這個權利，而只有在君王的生存受

| 自動體外心臟電擊去顫器（AED），是當人突然失去意識，心臟暫停時的急救設備。

到威脅時，才能使用，這是一種反擊的權利。若他受到外來敵人的威脅，敵人想推翻或挑戰他的權力，他該如何？此時，他便可合法地發動戰爭，並要求臣民以保衛國家之名投入戰爭，無需「直接提議他們赴死」。對君王而言，他可以合法讓臣民的生命「暴露於危險之中」，這表示，他對他們「間接」行使了決定生死的權利。[…] 這生與死的權利，實際上是處死和放生的權利。畢竟，劍（代表戰爭）是這項權利的象徵。[…] 我應該要從另一個層面上舉死刑作例子。長久以來，死刑是與戰爭並存但形式上有別於戰爭的另一種權利。君王拿死刑來對付攻擊其意志、律法與人格的人。死於斷頭台上的人越來越少，但死於戰爭的人卻越來越多，然而兩者死亡的原因卻是相同的。自此以後，權力認為自己具有管理生命的功能，但這並不是基於人道主義，而是由於權力存在的理由以及權力行使的邏輯，使得死刑越來越難以施行。如果權力主要的任務是要保障、支持、加強並且繁衍生命，並使之井然有序，那權力如何能透過死刑來執行其最高特權呢？對這種權力而言，死刑同時也是極限、醜聞與矛盾。因此，人們不再以犯罪數量龐大為理由，而是根據罪犯太過罪大惡極、無法矯正，以及保障社會安全的理由來維持死刑。我們依法殺死那些威脅到其他人生命的人。

可以說，處死以及放生的古老權利，如今已被使人活著丟到（戰爭的）死亡中的權力所取代。

傅柯，「知識的意志」，《性史》第一卷，「Tel」系列，©Gallimard，1976，177-178頁。

Q：傅柯如何解釋死刑為何變得如此令人反感？是否因為我們對生死變得比較敏感？

Q：如何解釋既然人對生命有所關切，還會去主導殺人的行為？

### 從文本到論證——文本閱讀4-1、4-2、4-3

透過閱讀這些文本，請回答如下主題：「國家是否擁有所有權利？」你可以從以下的悖論著手：國家是法的力量的展現，那麼國家自己是否也該服從於頒詔的法律之下？請試想現在實際上與國家法律相對立的法：國際法與基本人權法。這兩種法是否成功動搖了國家法律？透過舉例支持你的想法。

# 文學

## 《正義》：是否忽略了原諒？

　　這篇選文的場景是發生在一艘航行海上的戰船上：因一名海軍砲兵的疏忽，一尊大砲脫滑，破壞了甲板，五名水手更因此喪命。但這名疏忽的砲兵同時也表現出英雄般的勇氣，阻止滑脫大砲瘋狂滾動。現在，他準備因他的英勇行徑與致命的過失接受判決。這一幕展現出法律最嚴格的一面：正義，為求公正無私，也為了樹立威信，面對情緒與寬恕，仍必須非常堅決、不受情感左右。

　　老人看著砲兵。

　　「過來！」他說。

　　砲兵向前一步。

　　老人轉身面向船長伯瓦貝德特洛伯爵，從他身上摘下聖路易十字勳章，將它別在砲兵的制服上。

　　「好啊！」眾水手一片歡呼。

　　所有海軍士兵也舉槍致敬。

　　老人接著指著興高彩烈的砲兵，說道：

　　「現在，我們該槍決這個男人。」

　　錯愕取代了歡呼。

　　於是，在一片如墓園般的沉默中，老人提高了聲調。他說：

　　「因為一個疏失危害了這艘軍艦，這時可能為時已晚。身在海上如同與敵人周旋，一艘船在海上航行等於軍隊上戰場。風暴只是隱身但未消失，整片海洋危機四伏。大敵當前，犯下任何過錯都該處以死刑。錯誤是無法彌補的。勇氣固然值得褒獎，而疏失也該受到懲罰。」

　　這番話一句接一句，緩慢但嚴肅，語氣毫不留情，如斧頭一刀刀砍在橡樹上。

　　然後老人看著眾士兵又說：

　　「行刑。」[…]

　　過後，黑暗中響起一聲巨響，畫出一道閃光。隨後一切重返寂靜，接著傳來身軀掉落海面的聲音。

維克多‧雨果，《九三年》，1874，法國國家圖書館Gallica數位館藏，42-45頁。

| 一名囚犯處死於海上，版畫，1898。

## 練習：正義與原諒

對你來說，是否能夠因為砲兵的勇氣，要求法官原諒他的過失？更明白來說，寬恕對你而言是否是公正的行為，或者一切錯誤都該受到處罰？

### 所有錯誤都該受到處罰

正義是不可能遺忘的：砲兵的英勇行為不能抵銷他的過錯，但可將之納入考慮。一種必須獎勵，另一種必須處罰，而當過錯無法獲得彌補，死刑似乎是唯一合理的處罰：誰取了他人的性命就必須以命償還。我們注意到將軍（老人）將英勇行徑與過失分開來量處，彷彿這兩個行為不是出自同一人之手。他甘冒荒謬的風險，認為這樣處理兩種情況才是公正無私。

### 面對無法彌補的錯誤，原諒是贖罪的最終可能

任由情緒影響的人可能會變得不公正，冷酷的理性似乎是正義的最好盟友。不過，硬邦邦的正義不夠人性，而寬恕是正義中不理性的部分。面對無可彌補的過錯，只有心，而非理性，才能以寬恕來贖罪。

## 練習 1　舉例分析

　　美國司法系統中，刑事被告（嫌疑犯）可以獲得保釋，因此開庭之前不需要待在監牢中。這個程序對你而言是合理的嗎？

## 練習 2　進行辯論

　　有沒有針對薪資不平等而提出的經濟學論證？我們能否用一種合理且客觀的方式來定義與某職業相關的「合理的」薪資水準。請想一想那些經常被拿來說明薪資不平等的標準（承擔了不同責任、擁有不同能力、具備不同教育水準），請檢視這些標準並試著提出質疑。

### 練習 2 試答

**責任**：火車駕駛的責任不比飛機駕駛來得少，如何說明他的薪資卻只有後者的1/6？

**能力**：如何解釋研究員的薪資遠少於商業工程師？

是因為他花時間在做研究嗎？但如果學校制度本身就是如此，這就是合理的標準。但學校不平等的系統，無法拿來當作職場上薪資不平等的理由。

沒有任何訂定合理薪資標準的規則是不能被質疑的。我們當然可以提出辛勞程度等標準來建立工資分級制。

那麼，是否應該期待所有薪資都一樣平等？但這就忽略了差異是社會生活的一部分。而且反過來說，必須質疑的是，在某特定情況下被造就出來的差異狀況，以及這些差異狀況再生產的機制。

請就這個辯論，並根據如下主題寫出一段文章：我們是否混淆了公正與嚴格的平等？

## 練習 3　文本思考

　　「己所不欲，勿施於人；己所欲，施於人。」（拉丁文為「Quod tibi non vis fieri aut quod tibi vis fieri, neque aliis facito aut negato」）這就是理性與上帝所教導的法則。讓自己站在他人的位置上思考，你就會擁有判斷對錯的真實角度。

　　人們會對這偉大的法則提出質疑，因為他們認為這法則無法普遍適用。例如，人們會抗議道，罪犯會引用這句箴言，獲取法官大人的赦罪，因為當法官大人將自己放在相同罪犯的位置上，也會希望獲得同樣的赦免。要反駁其實很容易：法官不應只讓自己站在罪犯的角度上，也應站在其他希望罪犯受到懲罰的人的角度看事情。[…] 同樣，這種異議也會質疑分配式正義，因為這異議認為分配正義要求人之間的不平等，要求社會中的人們必須按照貢獻的功勞或過失來進行比例

分配。這也很容易回覆，讓自己站在眾人的角度，並假設這些人都熟知彼此的情況，並且頭腦清晰，你就可以從他們的支持中得到這個結論：區分利益之間的不同，這的確符合他們的利益。舉例來說，假如在一個商業社會中，所得並未按照比例分配，那麼人們便不會願意進入社會之中，或是很快就會退出，而這其實違背整個社會的利益。

萊布尼茲，「正義共同概念沉思錄」，《法律與理性》，1702，Vrin，123-124頁。

a. 理解文本
- 萊布尼茲所說的：「這就是理性與上帝的法則。」是什麼意思？
- 為什麼「讓自己站在他人的位置上思考」這個規則，並無法讓法官原諒罪犯？
- 根據這個規則，為什麼人們選擇了獎勵功勞，而不是分配平等份額給每個人？

b. 思考與討論
- 關於分配式正義，「讓自己站在他人的位置上思考」的原則，是否如同萊布尼茲所說的，能夠合理化社會不平等分配，並論證出區分優劣的制度是合理的（能力至上的菁英制度）？
- 為什麼分配式正義無法論證出平等是有道理的？
- 為什麼分配式正義無法論證出人們不是按照功過，而是按照需求（給予最需要的人）來進行比例性分配？

練習解釋文本：請你從這篇文本的論證寫出一個提綱。

**練習3試答**

a. 這是出現在聖經中的法則：這個法則符合神的意志，但也傳達出理性的要求。
   法官若只用罪犯的角度看事情，他會赦免罪犯。但他也應該站在受害者的角度來思考。
   對萊布尼茲來說，人們之所以選擇獎賞功績，是因為如果他們認為自己更值得，或是對一件事情的成功付出更多，他們就會希望擁有更多。

b. 萊布尼茲指出，從個人與社會的利益角度來看，社會成員之間出現不平等，並不表示這樣的不平等是對的。為了從所有人的角度來想，在選擇一項公正原則之前，必須先忽略我們實際在社會中所站的立場。這是為什麼羅爾斯用不同的原則來表達正義的概念：由於每個人都可能處於弱勢，因此理性會要求我們選擇平等。或是，若我們選擇不平等，這不表示我們要去區分好壞優劣，而是為了社會的利益著想，而且採取不平等措施的前提，必須是對弱勢而言，選擇不平等會比選擇平等有利。羅爾斯所提出

的正義原則是這麼說的：「社會與經濟上的不平等，應該用以
下的方式安排：人們可以合理期待，這個不平等會對所有人
帶來好處，因為這個不平等所帶來的地位和職務差異，是開
放給所有人的。」

練習4　舉例分析 ▶見本冊的〈國家〉

　　稅收是國家重新分配公民財富的主要方式，也因此稅收對政治
公平性而言是重要的工具。不過，我們也是從這裡看到對正義（公平）
概念最主要的歧異。對某些人來說，稅必須盡可能降低，因為個體
有權享受他們憑藉著自己的成就與工作所得的財產。對另一些人而
言，反而是那些薪水最豐厚的人，應按照比例原則，繳納比他人更
多的稅，因為他們應該為公共利益付出更多。
1.從這個例子來看，並將這些分歧的意見納入考慮，你便可梳理出
　正義這個概念的問題。
2.在衡量過這兩個對立的概念後，請選擇你的立場。

練習5　諺語思考

　　以下兩句通俗的諺語，看來都受到相互性原則的啟發，但兩者
意思卻不同。當法官對犯輕罪的人或罪犯進行宣判，是因他做錯事
而要「讓他受苦」，或是讓他彌補對受害者所犯下的錯？你覺得哪個
諺語比較符合你對正義的定義？
a.必須以德報德，以怨報怨。
b.己所不欲，勿施於人。

練習6　圖片思考 ▶見本冊的〈國家〉

LES VIOLATIONS DES DROITS HUMAINS SONT TOUJOURS À LA MODE-
AGISSEZ SUR WWW.AMNESTY.FR

AMNESTY
INTERNATIONAL

|「國際特赦組織」反侵犯人權的宣傳。

海報透過什麼樣的視覺傳達，讓我們了解對人權的侵犯，一直都存在於現實之中？這裡要諷刺的是什麼權利？只有獨裁國家才可能侵犯人權嗎？

### 練習6試答

選用流行時裝秀的伸展台當作背景，傳達「流行」的概念，使人聯想到侵犯人權的事例在現實中不斷發生，我們應該要更關心。這張圖片呈現出警察對示威者暴力相向，但意見與表達的自由卻應是基本人權。這張圖最終是要提醒我們，假使獨裁者的權力是建立在對人權的侵犯，民主無法避免終將失控，例如警察暴力。

### 練習7 文本思考

以下的文字是漢娜・鄂蘭對人權宣言的批評：

宣稱人權不可剝奪就包含了一種弔詭，即它指出了一個似乎不存在任何地方的「抽象」的人，因為就連野蠻人都生活在某一種社會秩序中。[…] 因此，所有的人權問題立即與民族解放問題糾結在一起，而只有主權是從民族、從人民自身解放出來，似乎才得以使人獲得保障。自從法國大革命以來，人類整體被構想為是由各個民族國家所構成的家庭，逐漸地，人的形象變成了民族，而非個人。[…]

畢竟，人權是被定義為「不可剝奪」，因為人權被假設獨立於所有政府之外。但在某些時刻，卻有人們缺乏自己的政府，以及當人們應該要捍衛自己最低限度的權利時，卻沒有一種權威能保護他們，或沒有一個制度願意向他們提供保證。

鄂蘭，《極權主義的起源—帝國主義》，1951，M. Leiris譯本，Fayard，272-273頁。

1. 鄂蘭所批判的人權是什麼？
2. 《人權宣言》並無法捍衛那些沒有權利的人：無國籍者、流離失所的人、外國人。你認為這些事情今天已經改變了嗎？
3. 某些人認為《人權宣言》是「無用的公約」。請表達你的意見？

**練習解釋文本**：明確表達漢娜・鄂蘭的命題與她反對的命題，並找出文本的問題在哪裡？

**練習7試答**

1. 鄂蘭對於人權宣言的批評是客觀的：事實是，人權宣言並無法事先拯救那些沒有受到「國民身分」保護的人，讓他們免於遭受屠殺：例如猶太人與茨剛人（源於印度的歐洲流浪民族，即吉普賽人）。

2. 那現今又如何呢？如聯合國等機構陸續成立，當人權受到政權威脅時，便可以派遣部隊到全世界，要求他們尊重人權。

    聯合國支持，甚至賦予某些國家干政的權利，使國家可以介入他國內政，以終結暴君政體的殘暴，例如推翻柯特迪瓦（舊稱：象牙海岸）的羅宏・嘎波（Laurent Gbagbo）以及利比亞格達費的政權。然而我們還是不能過度誇大這些人權的作用，因為它們也並未能阻止其他種族屠殺（如柬埔寨、盧安達）。它的作用也因情況而定：強國，或是有強大盟友的國家，即使破壞人權也不會遭受制裁，也不會引起國際社會反彈。

3. 全世界專制政權的存在，都是對《人權宣言》的嘲諷，但《人權宣言》的主張並非一無是處。某方面來說，國內的反對派常以人權之名來組織抗爭，有時甚至促使壓迫他們的政權被推翻。例如：前蘇聯的異議分子訴求他們的尊嚴。

    另一方面，人權宣言建立了普世性的價值，可以動員國際的公共輿論，國家除了要深切自我反省之外，也無法忽視國際社會的監督。

## 練習8 個人寫作與正反對立的辯論

1978年10月15日，巴黎聯合國教科文組織的總部公布了《世界動物權宣言》，其哲學思想要傳達的是，面對生命時要求物種平等。我們看到宣言中寫道，「所有動物的生命都應該受到尊重」（第2條），以及「野生動物有權在自然環境中自由生活」（第4條），因而譴責打獵與釣魚這類休閒活動。

1. 動物享有權利是合理的嗎？你可以在法國的援助「屠宰場動物援助協會」（Œuvre d'Assistance aux Bêtes d'Abattoirs, OABA）的網站上找到這份宣言。

2. 請你檢視維護人權的論證，然後再檢視延伸到動物權利的論證。將你的思考寫成個人的綜合看法。

## 綜合整理

### 定義

司法是一種制度，它執行法律，使人遵守法律，並使蒙受不義的受害者獲得補償。正義也是一種德行，要求我們獲取所應得的，並分配給每個人所應得的。法律相對於實際發生的事情，代表符合某一規範，我們將之區分為合法性法律（或是實證法律）與道德性法律。

提問 **Q1：合理的不平等是否存在？**

癥結
正義似乎建立在平等之上，但平等對待所有人是合理的嗎？

答題
方向
亞里斯多德認為，正義是符合比例的平等。
孟德斯鳩則提出極端平等的危險。
羅爾斯認為，社會不平等如果有利於最弱勢之人獲得平等，即合乎正義。

引述
「如果人與人之間的關係不相等，他們得到的東西就不會相等。」（亞里斯多德）
「真正的平等精神與極端的平等精神有天壤之別。」（孟德斯鳩）
「社會應該更關切那些天賦貧乏的人。」（羅爾斯）

## Q2：合法的就是對（公正、正當）的嗎？

**癥結**

正義在於服從法律。然而，以機械化方式執法是錯誤的，這如同對法律盲目服從。因此，不服從法律有可能具有正當性嗎？

**答題方向**

黑格爾認為正義表現在客觀又合乎理性的法律之中。
但是，阿奎那提醒，若要追求公正，執法時就不能永遠拘泥於法條的字面意義。
梭羅則更進一步提出：如果人們認為法律是錯誤的，抵抗法律便具正當性。

**引述**

「補償必須以懲罰的名義來進行。」（黑格爾）
「公正是不拘泥於法律表面文字所定義的正義。」（阿奎那）
「難道公民一定要將自己的良知交給立法者？」（梭羅）

**提問**

## Q3：法律是強者的工具，或為了捍衛弱者而存在？

**癥結**

法律是否是社會中取代武力關係的一種規則？它是否會反而成為這些武力關係的工具，合理化強者統治，並造成不公平；抑或，法律捍衛弱者，對抗強者？

**答題方向**

對卡利克勒（柏拉圖對話錄中的角色），法律是弱者對抗強者的武器。
巴斯卡卻認為，法律是武力披上正當性外衣的偽裝。
最後，對康德而言，法律是取代武力關係的普世性立法。

**引述**

「正義是建立在最優秀的人擁有的比不優秀的人多，而且強者擁有的比弱者多。」
（卡利克勒）
「既然我們無法使正義變得強大，我們只好將力量變成正義的。」（巴斯卡）
「根據普世法則，一切的不義都是對自由的阻礙。」（康德）

# 譯名表

| 中文 | 法文 |
|------|------|
| **人名** | |

### 1-5 劃

| 中文 | 法文 |
|------|------|
| 大衛・梭羅 | David Thoreau |
| 巴布羅・畢卡索 | Pablo Picasso |
| 巴斯卡 | Blaise Pascal |
| 巴辜寧 | Bakounine |
| 卡斯巴・佛列德利赫 | Caspar David Friedrich |
| 卡爾・施密特 | Carl Schmitt |
| 卡爾內 | Marcel Carné |
| 弗里雍 | Jean-Pierre Claris de Florian |
| 瓦倫提諾 | Valentino |

### 6-10 劃

| 中文 | 法文 |
|------|------|
| 托尼斯 | Ferdinand Tonnies |
| 托克維爾 | Tocqueville |
| 米切羅・格羅夫斯基 | Mieczyslaw Gorowski |
| 米歇爾・勒任 | Michel Lejeune |
| 米歇爾・強納 | Michel Johner |
| 艾洛伊-文森 | Albert Eloy-Vincent |
| 貝卡利亞 | Cesare Beccaria |
| 亞里斯多德 | Aristote |
| 尚・饒勒斯 | Jean Jaurès |
| 尚貝涅 | Philippe de Champaigne |
| 拉巴努斯・毛魯斯 | La Fontaine |
| 拉封丹 | Rabanus Maurus |
| 昆汀・馬西斯 | Quentin Metsys |
| 法蘭克・卡普 | Frank Capra |
| 阿多諾 | Adorno |
| 阿基・瓜利斯馬基 | Aki Kaurismaki |
| 阿賽勒・霍奈特 | Axel Honneth |
| 雨果 | Victor Hugo |
| 侯伯・卡斯特 | Robert Castel |
| 保羅・伊利柏 | Paul Iribe |
| 柯比意 | Le Corbusier |
| 胡文・歐吉安 | Ruwen Ogien |
| 哥根 | Cyril Cohen |
| 格老秀斯 | Grotius |
| 格達費 | Mouammar Kadhafi |
| 馬克斯・韋伯 | Max Weber |

# 作品

## 11-15 劃

| | |
|---|---|
| 動物農莊 | La Ferme des animaux |
| 國家的誘惑 | L'État séducteur |
| 國富論 | Recherches sur la nature et la cause de la richesse des nations |
| 理想國 | République |
| 第二論 | Le Second Discours |
| 規訓與懲罰 | Surveiller et punir |
| 無政府主義、國家與烏托邦 | Anarchie, État et utopie |
| 答「何謂啟蒙」之問題 | Qu'est-ce que les Lumières |
| 華府風雲 | Mr. Smith Goes to Washington |
| 新教倫理與資本主義精神 | L'Éthique protestante et l'esprit du capitalisme |
| 極權主義的本質 | La Nature du totalitarisme |
| 極權主義的起源 | Les Origines du totalitarisme |
| 溫心港灣 | Le Havre |
| 群體的良心譴責 | Remords du troupeau |
| 解構經濟：抵抗宿命論 | Dé-penser l'économique. Contre le fatalisme |
| 資本論 | Le Capital |
| 道德形上學——法權論 | Doctrine du droit |
| 道德箴言錄 | Sentences et maximes de morale |
| 實踐理性 | Raisons pratiques |
| 德意志意識型態 | L'Idéologie allemande |
| 憤世嫉俗者 | Le Misanthrope |
| 論人類不平等之起源與基礎 | Discours sur l'origine et les fondements de l'inégalité parmi les hommes |
| 論世界主義 | Du cosmopolitisme |
| 論共和國 | La République |
| 論法的精神 | De l'esprit des lois |
| 論美國的民主 | De la démocratie en Amérique |
| 論恩惠 | Les Bienfaits |
| 論現代人的自由 | De la liberté chez les Modernes |
| 論寬容書簡 | Lettre sur la tolérance |
| 論暴力：天主教知識份子週 | La Violence. Semaine des intellectuels catholiques |
| 賣鵝的人 | Le vendeur d'oie |
| 遭捂嘴的瑪麗安 | Marianne bâillonnée |
| 遭蒙眼的瑪麗安 | Marianne les yeux bandés |
| 黎塞留主教的三幅肖像 | Triple portrait du cardinal de Richelieu |

## 地名

## 圖片版權來源

p.1: Electa/Leemage ; p.2: D. Allard/Ludovic/REA ; p.6: Hachette Livre ; MP/Leemage ; Hachette Livre ; p.7: Electa/Leemage ; p.8: Electa/Leemage ; p.9: Costa/Leemage ; p.10: Hachette Livre ; p.11: Aisa/Leemage ; p.12: J.-P. Fouchet/Gamma-Rapho ; Effi gie/Leemage ; p.13: Farabola/Leemage ; p.14: Electa/Leemage ; Prod DB © HBO/BBC/DR ; p.15-16: Prod DB © Columbia/DR ; p.18: Lecroart/Iconovox ; p.20: Ludovic/REA ; p.24: Prod DB © Lazennec/DR ; p.29: Hachette Livre ; p.30: Hachette Livre ; The Granger Collection/Rue des Archives ; p.31: Digital image, The Museum of Modern Art, New York/Scala, Firenze/DR ; Leemage ; p.32: Aisa/Leemage ; p.33: L. Monier/Rue des Archives ; p.34: A. Denantes/Gamma ; p.35: Tallandier/Rue des Archives ; U. Andersen/Gamma ; p.36: J.-P. Fouchet/Gamma-Rapho ; IIC/Axiom/Getty Images ; p.37: Aisa/Leemage ; Hachette Livre ; p.38: Hachette Livre ; p.39: Leemage ; p.40: RDA/Rue des Archives ; Association Germaine Tillion ; p.41: Prod DB © Sputnik Oy/Malla Hukkanen/DR ; p.45: Aksaran/Gamma ; p.46: Selva/Leemage/c FLC, Adagp, Paris 2013 ; p.50: P. White/AP/SIPA ; p.55: De Agostini/Leemage ; p.56: Costa/Leemage ; L. Monier/Gamma ; p.57: U. Andersen/Gamma ; p.58: Hachette Livre ; p.59: Hachette Livre ; Bianchetti/Leemage ; p.60: BEBA/AISA/The Bridgeman Art Library ; p.61: Hachette Livre ; p.62: Hachette Livre ; p.63: M. Gantier/Gamma ; Hachette Livre ; p.64: Hachette Livre ; p.65: Selva/Leemage ; p.66: Silver John/Fotolia ; p.69: Photo Josse/Leemage ; p.74: FineArtImages/Leemage/c Succession Picasso 2013 ; p.76: Ph. Migeat/Centre Pompidou, MNAM-CCI, Dist. RMN-Grand Palais/c Adagp, Paris 2013 ; p.81: Hachette Livre ; © Assemblee nationale-2013 ; p.82-84: Hachette Livre ; p.85: AKG-Images ; p.86: Hachette Livre ; p.87: TBWA Paris ; F. Reglain/Gamma ; p.88: Bettmann/Corbis ; p.89: C. Cohen/V. Vermeil/Picturetank (x2) ; p.90: Hachette Livre ; The Granger Collection/Rue des Archives ; p.91: Effi gie/Leemage ; p.92: DR ; p.93: Prod DB © Halas and Batchelor/DR ; p.98: Hachette Livre ; Fototeca/Leemage ; p.99: SVI ; p.102: H. Benser/Corbis ; p.107: Hachette Livre ; p.108: Hachette Livre ; p.109: F. Reglain/Gamma ; Aisa/Leemage ; p.110: Hachette Livre ; p.111: North Wind Pictures/Leemage ; p.112: Kelley/Time& Life Pictures/Getty Images ; p.113: Electa/Leemage ; p.114: Hachette Livre ; Kanvag/Fotolia ; The Granger Collection/Rue des Archives ; p.116: The Granger Collection/Rue des Archives ; p.117: Hachette Livre ; p.121: Photo Josse/Leemage ; p.122: Archives/Charmet/The Bridgeman Art Library ; Dea/Ambrosiana/Leemage ; p.123: Hachette Livre ; J.-P. Fouchet/Gamma-Rapho ; p.124: Hamilton/REA ; p.125: Prisma Archivo/Leemage ; p.129: TBWA/Paris

法國高中生 哲學讀本I

PASSERELLES
PHILOSOPHIE TERMINALES L.ES.S

# 政府是人民的主人還是僕人？
## ——探討政治的哲學之路

作　者　侯貝（Blanche Robert）等人 ｜譯　者　廖健苡 ｜審　定　沈清楷 ｜責任編輯　宋宜真 ｜編輯協力　彭維昭 ｜全書設計　徐睿紳 ｜排　版　謝青秀 ｜校　對　魏秋綢 ｜行銷企畫　陳詩韻 ｜總編輯　賴淑玲 ｜社　長　郭重興 ｜發行人兼出版總監　曾大福 ｜出 版 者　大家出版／遠足文化事業股份有限公司 ｜發　行　遠足文化事業股份有限公司　231 新北市新店區民權路108-4號8樓　電話 (02)2218-1417　傳真 (02)8667-1851　劃撥帳號 19504465　戶名 遠足文化事業有限公司 ｜法律顧問　華洋法律事務所　蘇文生律師

PHILOSOPHIE TERMINALES ÉDITION 2013
Written by Blanche Robert, Hervé Boillot , Yannick Mazoue, Patrice Guillamaud , Matthieu Lahure , David Larre , Aurélie Ledoux , Frédéric Manzini , Lisa Rodrigues de Oliveira , Tania Mirsalis , Larissa Paulin , and Karine Tordo Rombaut
Copyright © 2013 by Hachette Éducation
All rights reserved.
Chinese complex translation copyright © Walkers Cultural Enterprise Ltd. (Imprint: Common Master Press)
Published by arrangement with Hachette Éducation through LEE's Literary Agency

國家圖書館出版品預行編目(CIP)資料

政府是人民的主人還是僕人？：探討政治的哲學之路 /
　侯貝(Blanche Robert)等著 ; 廖健苡譯. -- 初版. -- 新
　北市 : 大家出版 : 遠足文化發行, 2016.05
　面；　公分 . -- (法國高中生哲學讀本；1)
　譯自 : Passerelles : philosophie terminales L.ES.S
　ISBN 978-986-92741-7-3 (平裝)

1.政治思想 2.法國　　　　570.942　　　　105003611

定　價 350元
初版1刷 2016年5月
初版14刷 2019年11月
ISBN 978-986-92741-7-3

◎有著作權・侵犯必究◎
——本書如有缺頁、破損、裝訂錯誤，請寄回更換——
本書僅代表作者言論，不代表本公司／出版集團之立場與意見